TOEFL®テスト大戦略シリーズ ③

TOEFL®テスト
英熟語700 [4訂版]

神部 孝 著

Copyright © Educational Testing Service. www.ets.org
The TOEFL iBT® Test Directions are reprinted by permission of Educational Testing Service, the copyright owner. All other information contained within this publication is provided by Obunsha and no endorsement of any kind by Educational Testing Service should be inferred.

著者	**神部 孝**（かんべ たかし） かんべ英語塾主宰。米国 Yale 大学 School of Management 卒 MBA 取得。 慶應義塾大学経済学部卒業。東京税理士会会員。 主な著書に『TOEFL テスト英単語 3800』（旺文社）、 『完全攻略！ TOEFL iBT® テスト』（アルク）などがある。

編集	岩村明子
装丁デザイン	内津剛（及川真咲デザイン事務所）
本文デザイン	熊アート
編集協力	株式会社 メディアビーコン / 篠原啓子 / 増田百合子
ナレーション	Bill Sullivan / Julia Yermakov / 中田讓治 / 沼田芙由美
録音	有限会社 スタジオ ユニバーサル
Web 模試制作	有限会社 トピックメーカー

英語を教えていると「熟語の勉強は必要ですか？」「単語を覚えましたが，熟語もやるべきですか？」と，聞かれることがあります。答えは，もちろん「Yes」です。熟語の中には，よく知っている単語ばかりで構成されているのに，知らないと意味が分からないものがあるからです。例えば，以下のような熟語は，知らないと全く意味が推測できないでしょう。

take a rain check「またの機会にする」
put up with ～「～を我慢する」

熟語は大事な英語のコンポーネントです。当たり前のように見聞きし，当たり前のように使います。私が20年ほど前に書いた論文の引用を見てみましょう。

OPEC countries united to hike oil prices for the sake of creating a political and economic weapon. The high price of oil gave rise to worldwide inflation. Unemployment gradually crept to a high level.
　　("The Rate of Unemployment in the U.S." 東洋大学大学院紀要第30集より)
「OPEC諸国は，政治経済的な武器を作るために団結して石油価格を上げた。その高い石油価格は世界中でインフレーションを引き起こした。失業は徐々に高いレベルへと忍び寄った」

これは，アメリカの高失業率の分析を行った論文です。アンダーラインを引いた箇所が，本書で取り上げている熟語です。"for the sake of" の "of" を "for" あるいは "as" にしたらどうでしょうか？ "gave rise to" を "caused" にしたらどうでしょうか？ 読みやすさ，知的さに欠けた文章になります。国際化の現代，最適な単熟語を用いて分かりやすい英語で発信していくことが重要ですね。ですから，申し上げます。「熟語は重要」です。本書で英熟語を学習し，ぜひ表現の幅を広げてください。

最後になりますが，本書の制作にあたり叱咤激励をしていただいた旺文社の岩村明子さん，校正のお手伝いをいただいた増田百合子さんに感謝いたします。

かんべ英語塾　神部 孝

Contents

Preface 3

INTRODUCTION

本書の利用法 6
Web 特典について 8
付属 CD について 9
留学準備をはじめよう！ 10
TOEFL iBT Information 11
TOEFL iBT 受験ガイド 12
TOEFL ITP Information 14
TOEFL テスト対策と熟語学習 15

LIST

WEEK ①
idiom 28
colloquial expression 36
Review Questions 38

WEEK ②
idiom 44
colloquial expression 52
Review Questions 54

WEEK ③
idiom 60
colloquial expression 68
Review Questions 70

WEEK ④
idiom 76
colloquial expression 84
Review Questions 86

WEEK ⑤
idiom …… 92
colloquial expression …… 100
Review Questions …… 102

WEEK ⑥
idiom …… 108
colloquial expression …… 116
Review Questions …… 118

WEEK ⑦
idiom …… 124
colloquial expression …… 132
Review Questions …… 134

WEEK ⑧
idiom …… 140
colloquial expression …… 148
Review Questions …… 150

WEEK ⑨
idiom …… 156
colloquial expression …… 164
Review Questions …… 166

WEEK ⑩
idiom …… 172
colloquial expression …… 180
Review Questions …… 182

TOEFL 受験に役立つ 英文法のまとめ …… 188

INDEX …… 210

本書の利用法

本書ではTOEFLテストでよく出題される700の熟語と口語表現を厳選し，収録しています。

熟語リスト

各週は5日間で構成されており，1〜4日に熟語を，5日に口語表現を掲載しています。

❶ CDのトラック番号

❷ 残りの学習語数
❸ 合格ライングラフ：覚えた数だけマスに色を塗ってください。合格ラインに達しないページは何度も挑戦しましょう。
❹ **Review**：前日の学習内容を復習しましょう。

TOEFLテスト対策と熟語学習

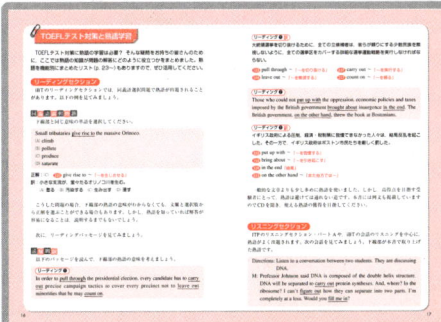

TOEFLテスト対策に熟語学習がどのように生きるかを，技能別に解説しています。熟語を機能別にまとめた例文集も。

Review Questions

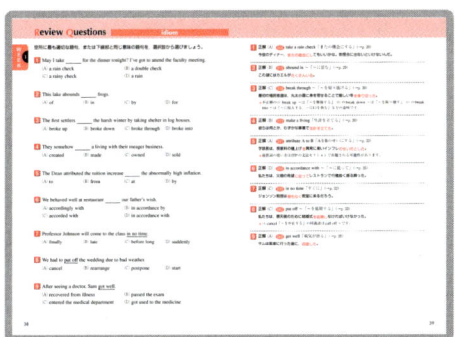

各週の最後に，その週の学習内容が復習できる練習問題を掲載しています。口語表現については，CDを聞きながら挑戦してください。

文法のまとめ

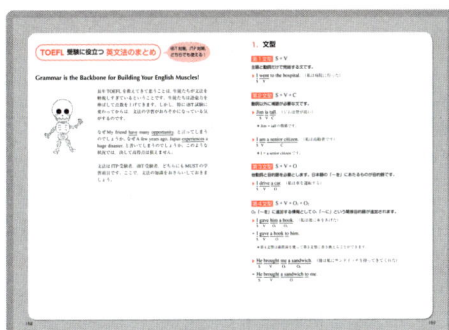

覚えておきたい文法事項をまとめています。文法は四技能すべての基礎。文法セクションのあるITPはもとより，iBT対策にも文法の学習は有効です。

について

本書では，音声や確認テストなどをダウンロードできる，Web特典をご利用いただけます。

Web特典の内容

1. 付属CDに収録された音声のBGMなしバージョン
2. 文法確認テスト
3. Web模試体験版（リーディング・リスニング）

※❷・❸は本書と『TOEFLテスト英単語3800』の2点ともご購入いただいた方のみがアクセスできる特典です。

Web特典の利用方法

1. パソコンから下記URLにアクセスしてください。
   http://www.obunsha.co.jp/service/toefl/
2. 『TOEFLテスト大戦略シリーズ』一覧から，本書をクリックしてください。
3. 画面の指示に従い，下記パスワードを入力し，「ログイン」ボタンをクリックしてください。

   パスワード：titk700　（※すべて半角，アルファベットは小文字）

4. 利用したいコンテンツの「DOWNLOAD」ボタンをクリックし，ダウンロードしてください。
5. ダウンロードしたファイルはZIPファイル形式で圧縮されています。ファイルを解凍して，コンテンツをご利用ください。

●『TOEFLテスト英単語3800』『TOEFLテスト英熟語700』2点購入特典について

　上記書籍を2点ともご購入いただいた方のみが入手できる，特典ファイルをご用意しています。ZIPファイル解凍の際にパスワードを聞かれますので，『TOEFLテスト英単語3800』掲載のパスワードに続けて下記パスワードを入力してください。

パスワード：ti70　（※すべて半角，アルファベットは小文字）

■ Web模試（体験版）推奨動作環境

対応OS：Windows OS および Mac OS
ブラウザ：[Windows OS の場合] Microsoft Internet Explorer 9 以上，
　　　　　　　　　　　　　　　最新バージョンの Google Chrome および Firefox
　　　　　[Mac OS の場合] 最新バージョンの Safari および Firefox
Adobe Flash Player：最新バージョン
インターネット環境：ブロードバンド
画面解像度：1024×768 以上

■ 注意

- 音声はMP3ファイル形式となっています。ご利用の際にはMP3を再生できる機器・ソフトウェアが必要です。
- 確認テストはPDFファイル形式となっています。ご利用の際にはPDFを閲覧できる機器・ソフトウェアが必要です。
- ご使用機器，音声再生ソフト等に関する技術的なご質問は，ハードメーカーもしくはソフトメーカーにお願いいたします。
- 本サービスは予告なく終了されることがあります。

付属CDについて

　本書にはCDが2枚付いています。CDのトラック番号は 🔘 <u>**CD 1-3**</u> で示しています。CDには，見出し語の発音と日本語の意味，例文の英文が収録されています。例文の日本語訳は収録されていません。収録内容は以下のとおりです。

```
● CD 1　WEEK 1～WEEK 5
  CDについて ………………………………… トラック 　1～ 2
  WEEK 1 ……………………………………… トラック 　3～17
  WEEK 2 ……………………………………… トラック 18～32
  WEEK 3 ……………………………………… トラック 33～47
  WEEK 4 ……………………………………… トラック 48～62
  WEEK 5 ……………………………………… トラック 63～77

● CD 2　WEEK 6～WEEK 10
  CDについて ………………………………… トラック 　1
  WEEK 6 ……………………………………… トラック 　2～16
  WEEK 7 ……………………………………… トラック 17～31
  WEEK 8 ……………………………………… トラック 32～46
  WEEK 9 ……………………………………… トラック 47～61
  WEEK 10 …………………………………… トラック 62～76
```

〈ご注意〉ディスクの裏面には，指紋，汚れ，傷などが付かないよう，お取り扱いにはご注意ください。一部の再生機器（パソコン，ゲーム機など）では再生に不具合が生じることがありますのでご承知おきください。

留学には、いくつも方法があります。大学生で、所属している大学に留学関係の部署がある場合は、まずそこに相談しましょう。交換留学や語学研修のプログラムがあれば、申し込み方法を詳しく教えてもらえます。そういった環境がない場合には、書籍やインターネットを通じて自分で情報収集をしたり、日米教育委員会やBritish Councilといった公的機関、留学予備校などに相談したりするとよいでしょう。英語力の向上をメインとした語学留学には高い語学力は求められませんが、大学への入学やMBA取得などを目指す場合は、SAT、GMATといった他の試験のスコアも必要で、出願書類の作成にも時間がかかります。

留学を目指すにあたり、まずは必要なスコアを提出しなければならない時期を確認して、それに間に合うようにTOEFLテストを受験する計画を立てましょう。計画の立て方も人それぞれですので、以下の2例を参考にしてください。

Aさん「行きたい大学のスコアが高い！」

Aさんは必要なスコアが100点と高いので、十分な準備が必要と考え、1年間の準備期間を設定しました。また、1回で必要なスコアが取れない場合を考慮して、2～3回受験する前提で、できるだけ早めに学習を進めるようにしました。

まず問題を解いてみて現在の自分の実力を確認し、もう少し語彙力があればより余裕を持って解くことができると考えたので、早い段階で語彙対策を始めました。各セクションの対策では、不安のあるライティングに特に注力しましたが、それ以外のセクションも、できるだけ時間をかけて取り組みました。

1回目では苦手なライティングが足を引っ張り、わずかに100点に届かず悔しい思いをしましたが、2回目では対策のかいもあって無事に100点を取ることができ、希望の大学に留学することができました。

Bさん「行きたい大学は1つだけではない！」

Bさんは、いくつか行きたい大学の候補があり、80点で行ける大学もあれば、100点を取らないといけない大学もありました。大学生活が忙しかったこともあり、無理に100点を目指さず、期間は半年間に絞って対策をしました。

まず試験を解いてみて、80点まではあと少しだと感じたので、得意なリーディングをさらに伸ばすことに特に注力しました。苦手なリスニングやスピーキングは、可能な範囲で学習し、当初よりも少しだけスコアを上げることができたので、それでよしとしました。

時間的に余裕がなくて1回しか受験ができず、100点は取れませんでしたが、80点はなんとか超えることができました。80点で行ける大学にも行きたい気持ちは強かったので、そこへ留学することができて、満足でした。

TOEFL iBT® Information

❶ TOEFL®テストとは？

TOEFL®テスト（Test of English as a Foreign Language）とは，主に北米の大学で学ぼうとする，英語を母語としない人を対象に実施される英語能力試験のことです。この試験は，アメリカの非営利教育機関であるEducational Testing Service（ETS）によって運営されています。現在では，世界約130か国，9,000以上の大学・教育機関などで利用されています。また，試験は主にインターネット上で受験する TOEFL iBT®（Internet-Based Testing）という方式で実施され，日本では2006年7月より導入されています。

❷ TOEFL iBT® の構成

TOEFL iBT®の構成は以下のようになっています。問題数によって，解答時間（下記の時間は各セクションの所要時間）は変化しますが，その問題数は各セクション開始時にコンピューターの画面上に表示されます。

Reading	3-4パッセージ	60-80分
Listening	2-3会話 / 4-6講義	60-90分
Break		10分
Speaking	6問	20分
Writing	2問	50分

❸ TOEFL iBT® のスコア

スコアの配点は，右の表のようになっています。また，希望者には，実際のスコアが後日ETSより送付されますが，受験日の10日後からオンラインでも確認できます。なお，TOEFL®テストのスコアは受験日から2年間有効とされています。

セクション	配点
Reading	0-30
Listening	0-30
Speaking	0-30
Writing	0-30
TOTAL	0-120

❹ スコアの目安

留学先の大学，大学院で必要とされるスコアのレベルは以下のとおりです。スコアはあくまで目安です。

一般大学レベル	
iBT	61-80点
CBT	173-213点
PBT	500-550点

難関大学，大学院レベル	
iBT	80-100点
CBT	213-250点
PBT	550-600点

超難関校レベル	
iBT	105点
CBT	260点
PBT	620点

TOEFL iBT® 受験ガイド

※すべて 2014 年 1 月現在の情報です。最新の情報は ETS TOEFL®テスト公式ウェブサイト（www.ets.org/toefl）でご確認ください。

❶ 受験申し込みにあたって

まず，TOEFL® Information and Registration Bulletin（受験要綱）を入手しましょう。TOEFL®テストの受験に関する情報が記載されています。こちらは国際教育交換協議会（CIEE）のウェブサイトまたは ETS の TOEFL®テスト公式ウェブサイトからダウンロードすることができます。

❷ 受験日・受験会場

年間 30〜40 回，土曜，日曜に試験日が設けられ，受験会場は全国各地に設定されています。複数回受験する場合は，間に 12 日間空けなければなりません。受験日・受験会場の詳細は，ETS の TOEFL®テスト公式ウェブサイト上の My Home Page 内で確認できます。My Home Page とはすべての受験者が作成する必要がある個人専用アカウントページです。

❸ 受験料

Regular registration（試験日の 7 日前までの通常の申し込み）と Late registration（オンラインは試験日の 3 日前まで，電話は試験日の前営業日 17 時までの申し込み）の 2 つの申し込み締切日があり，以下のとおり締切日によって受験料が異なります。ただし，Late registration は，空席がある場合のみ可能です。

　　Regular registration：US$225　Late registration：US$260

支払いは，申し込み方法により異なりますが，クレジットカード（日本円支払いは VISA，Master），PayPal アカウント，国際郵便為替，銀行の送金小切手のいずれかの方法になります。詳細は TOEFL®テスト公式ウェブサイトをご覧ください。

❹ 申し込み方法

オンライン，郵送，電話の 3 つの方法があります。オンラインと電話の場合は日本円での申し込みが可能です。

① オンラインで申し込み

ETS の TOEFL®テスト公式ウェブサイト上の My Home Page から登録できます。試験日の 7 日前まで Regular registration，試験日の 3 日前まで Late registration 受付が可能で，受験料支払いはクレジットカードまたは PayPal アカウント。

② 郵送による申し込み

受験要綱内に表示されているURLから登録申込用紙をダウンロードし，必要事項を記入後，受験料とともにプロメトリック株式会社に，第1希望試験日の4週間前までに必着で送付。受験料支払いはクレジットカード，国際郵便為替または銀行の送金小切手。

③ 電話による申し込み

事前にETSのTOEFL®テスト公式ウェブサイトでMy Home Pageを作成し，プロメトリック株式会社に電話で申し込みができます。試験日の7日前までRegular registration，試験日の前営業日17時までLate registration受付が可能。受験料支払いはクレジットカードのみ。

❺ 受験当日の注意

① 試験開始30分前までには，テストセンターに入りましょう。
② 有効な「身分証明書」と申し込み時に伝えられるRegistration Numberを用意しましょう。「身分証明書」は，原則として，テスト日当日に有効なパスポートです。

規定の時刻に遅れた場合，または必要なものを忘れた場合，受験ができなくなります。

❻ 問い合わせ先

■ TOEFL iBT® 申し込みについて，受験に関わる一般情報について
プロメトリック株式会社
〒104-0033
東京都中央区新川1-21-2　茅場町タワー15F
電話番号：03-5541-4800（土日祝祭日を除くAM 9：00〜PM 6：00）
ウェブサイト：http://www.prometric-jp.com

■ TOEFL iBT® スコアレポート発行・発送について
Educational Testing Service（ETS）
TOEFL®テスト公式ウェブサイト：http://www.ets.org/toefl
Customer Support Center in Japan
電話番号：0120-981-925（フリーダイヤル）
（土日祝祭日を除くAM 9：00〜PM 5：00）
Eメール：TOEFLSupport4Japan@ets.org

■ TOEFL iBT® 一般情報について（ウェブサイト）
国際教育交換協議会（CIEE）日本代表部
ウェブサイト：http://www.cieej.or.jp/toefl

TOEFL ITP® Information

❶ TOEFL ITP® とは？

TOEFL PBT®（Paper-Based Testing）の過去問を教育機関など団体で実施するのがTOEFL ITP®（Institutional Testing Program）です。日本では国際教育交換協議会（CIEE）が試験を運営していますが，個人が直接CIEEに申し込むことはできません。また，TOEFL ITP®のスコアは試験実施団体内でのみ有効です。留学などでTOEFLテストのスコアを求められる場合には，適用できません。TOEFL ITP®には2つのレベルがあります。677点満点のLevel 1 TOEFLと500点満点のLevel 2 Pre-TOEFLです。一般的にTOEFL ITP®と言えばLevel 1 TOEFLを指します。

❷ TOEFL ITP® の構成

TOEFL ITP®の試験は以下のようになっています。

セクション	設問数	時間	内容
Section 1（リスニング）	50問	約35分	短い会話，長い会話，講義の聞き取りを行います。
Section 2（文法）	40問	25分	空所補充，誤文訂正を行います。
Section 3（リーディング）	50問	55分	5つのパッセージを読み，それぞれの質問に答えます。

❸ TOEFL ITP® のスコア

スコアは310点から677点で，配点は以下のようになっています。

セクション	配点
Section 1	31- 68
Section 2	31- 68
Section 3	31- 67
TOTAL	310-677

TOEFLテスト対策と熟語学習 ≫

TOEFLテスト対策と熟語学習

　TOEFLテスト対策に熟語の学習は必要？　そんな疑問をお持ちの皆さんのために，ここでは熟語の知識が問題の解答にどのように役立つかをまとめました。熟語を機能別にまとめたリスト(p. 23〜)もありますので，ぜひ活用してください。

リーディングセクション

　iBTのリーディングセクションでは，同義語選択問題で熟語が出題されることがあります。以下の例を見てみましょう。

同義語選択問題

下線部と同じ意味の単語を選択してください。

> Small tributaries give rise to the massive Orinoco.
> (A) climb
> (B) pollute
> (C) produce
> (D) saturate

正解：(C)　　**320** give rise to 〜「〜を生じさせる」
訳：小さな支流が，堂々たるオリノコ川を生じさせる。
　　(A) 〜に登る　(B) 〜を汚染する　(C) 〜を生じさせる　(D) 〜を浸す

　こうした問題の場合，下線部の熟語の意味がわからなくても，文脈と選択肢から正解を選ぶことができる場合もあります。しかし，熟語を知っていれば解答が容易になることは，説明するまでもないでしょう。

　次に，リーディングパッセージを見てみましょう。

読解問題

以下のパッセージを読んで，下線部の熟語の意味を考えましょう。

> **リーディング ❶**
>
> In order to pull through the presidential election, every candidate has to carry out precise campaign tactics to cover every precinct not to leave out minorities that he may count on.

> **リーディング ❶ 訳**

大統領選挙を切り抜けるために，全ての立候補者は，頼りにするかもしれない少数民族を無視しないように，全ての選挙区をカバーする詳細な選挙運動戦略を実行しなければならない。

- **103** pull through ～「～を切り抜ける」
- **637** carry out ～「～を実行する」
- **594** leave out ～「～を無視する」
- **217** count on ～「～を頼る」

> **リーディング ❷**

Those who could not put up with the oppression, economic policies and taxes imposed by the British government brought about insurgence in the end. The British government, on the other hand, threw the book at Bostonians.

> **リーディング ❷ 訳**

イギリス政府による圧制，経済政策，税制に我慢できなかった人々は，結局反乱を起こした。その一方で，イギリス政府はボストン市民たちを厳しく罰した。

- **333** put up with ～「～を我慢する」
- **154** bring about ～「～を引き起こす」
- **539** in the end「結局」
- **023** on the other hand ～「また他方では～」

　一般的な文章よりも少し多めに熟語を使いました。しかし，高得点を目指す受験者にとって，熟語は避けては通れない道です。本書には例文も掲載していますのでCDを聞き，使える熟語の獲得を目指してください。

リスニングセクション

　ITPのリスニングセクション・パートAや，iBTの会話のリスニングを中心に，熟語がよく出題されます。次の会話を見てみましょう。下線部が本書で取り上げた熟語です。

> Directions: Listen to a conversation between two students. They are discussing DNA.
> M: Professor Johnson said DNA is composed of the double helix structure. DNA will be separated to carry out protein syntheses. And, where? In the ribosome? I can't figure out how they can separate into two parts. I'm completely at a loss. Would you fill me in?

> F: OK. You understand that each nucleotide binds together inwardly with the other nucleotide by rather loose hydrogen bonds. All right?
> M: Well, hydrogen bonds ... I can't make heads or tails of it.
>
> Question: Why does the male student say this:
> "I can't make heads or tails of it."
>
> (A) He needs to refresh his mind.
> (B) He wants the woman to draw a picture.
> (C) He is going to explain by himself.
> (D) He cannot understand what the woman explained.

正解：(D)

訳：

指示文：二人の学生間の会話を聞きなさい。彼らはDNAについて議論しています。

男性：ジョンソン教授は，DNAが二重らせん構造で成り立っているって言っていたね。DNAはタンパク質合成を行うために分離される。そして，どこだっけ？ リボゾームで？ どのようにして，DNAが２つに分かれるか理解できないんだ。完全に途方に暮れちゃった。詳しく教えてくれないかい？

女性：良いわよ。それぞれのヌクレオチドが内部で，もう一方のヌクレオチドと少し弱い水素結合で結びつくっていうことは分かったわよね。大丈夫？

男性：えーと，水素結合が… 全く理解できないよ。

質問：なぜ男性は次のように言ったのでしょうか？
「全く理解できないよ」

選択肢訳

(A) 彼は，気持ちをリフレッシュする必要がある。
(B) 彼は，女性に絵を描いてほしい。
(C) 彼は，彼自身で説明するつもりだ。
(D) 彼は，女性が説明したことを理解できない。

637 carry out 〜 「〜を実行する」
574 figure out 〜 「〜を理解する」
244 fill in 〜 「〜に詳しく知らせる」
480 make head(s) or tail(s) of 〜 「〜を理解する」

スピーキングセクション

　スピーキングでは6つのTaskがあります。ここではいくつかのTaskについて取り上げます。

Task 1

　「あなたは休みがあれば何をしたいですか，それはどうしてですか」などの問いかけに解答します。

質問例：休みがあれば何をしますか？

> I've been working <u>day and night</u> these days; therefore, I would like to spend time with my family. <u>At the same time</u>, I want to <u>take care of</u> my son.
> （最近は，昼も夜も働いているので，家族と過ごし，同時に息子の世話をしたいと思います）

439 day and night「昼も夜も」
298 at the same time「同時に」
540 take care of 〜「〜の世話をする」

Task 3

　英文を読み，会話を聞いて話者の意見を要約し，理由付けをする設問です。

概要：大学が急に卒業単位に関する規則を変えたことに関して

> The man <u>put forth</u> his idea that the new regulation on the graduation credits was unduly decided by the faculty. When he applied to the college, he pointed out that there was no such rule, <u>so that</u> he urged that the regulation should not be applied to his class. He further said that he can <u>no longer</u> <u>put up with</u> the new administration.
> （男性は卒業単位に関する新しい規則は教授陣によって不当に決定されたと述べた。彼が大学に入ったときには，そのような規則はなかったから，彼の学年に適用されるべきではないと主張した。彼は，もはや新しい経営陣に我慢できないとさえも言った）

504 put forth 〜「〜を提言する」　**083** so that 〜「その結果〜」
047 no longer 〜「もはや〜でない」　**333** put up with 〜「〜を我慢する」

Task 5

Task 5 は男女の会話の中で述べられている問題点を述べて、どのようにしたらよいかを選択する設問です。

概要：大学院に応募したい男性が必要な単位をまだ取っていないことに関して

> In the conversation, the man stated that he <u>is short of</u> eight required credits. Thus, the woman suggested him two options that will enable the man to study in the graduate program. First, he should <u>take part in</u> some courses at community college nearby. Second, he can apply to the graduate program and take undergraduate courses <u>at the same time</u>. I think that the man <u>had better choose</u> the second option.
> （会話では男性は必要単位が8単位不足していると述べた。そこで、女性は男性が大学院で研究できる2つの選択肢を提案した。1つには、近くのコミュニティー・カレッジでいくつかのコースを取るべきであること。2つには、大学院に応募して、同時に、大学のコースも取ることができること。私は男性が2つ目の選択肢を選んだ方がよいと思う）

- **194** be short of ～「～が不足している」
- **221** take part in ～「～に参加する」
- **298** at the same time「同時に」
- **002** had better *do*「～した方がよい」

ここでは、さまざまな熟語を用いた解答例を見てきました。大事なことは、これらの英熟語が会話でもトークでも用いられていることです。本書では最低限必要な英熟語を掲載しています。これらを「聞き取れる」ことと「使える」ことの必要性を理解していただきたいと思います。

ライティングセクション

　最後にライティングセクションでの熟語の活用方法を見てみましょう。ライティングセクションには2つのTaskがあります。1つは「読んで，聞いて，書く」というTaskです。もう1つは，与えられたテーマに関して受験者自身の考え方を述べるTaskです。

　ライティングセクションでは，内容の正しさと同時に，文法と語法の多様性が測定されます。語法の多様性とはさまざまな構文や慣用句（熟語など）を使いこなす力です。

Task 1

　最初に3分程度でパッセージを読みます。それに関連した講義を2分程度聞き，設問に答えます。解答時間は20分です。

設問例：古代文明は，時として急に途絶える。それは，従来の考えと異なり，環境破壊によるものだったという講義の要約と，パッセージの内容との関係

> The lecturer <u>objects to</u> the traditional argument about how the old civilizations suddenly <u>got rid of</u> their cities. Her major points are based on the current study on the sediments of the Indus Civilization sites. The passage, <u>on the one hand</u>, states the prevailing idea that the intrusion of enemies is the major cause of abandoning the city-states; <u>on the other hand</u>, the lecturer points out the high level of contamination in the sediments at the ruins.
> （講師は古代文明がどのようにして突然都市を廃棄したかについて，従来の考え方に反論している。彼女の主な指摘はインダス文明の遺跡の堆積物についての最近の研究によっている。パッセージは一方で，敵の侵入が都市国家廃棄の主原因であるという広まっている考えについて述べているが，他方で，講師は遺跡の堆積物に含まれる高濃度の汚染を指摘している）

005 object to ~「~に反対する」
428 get rid of ~「~を処分する」
023 on the one hand ~; on the other hand ... 「一方では~，また他方では…」

Task 2

与えられたトピックに対して自分の経験などの例を示して意見を述べます。解答時間30分の中で論理性を持った内容を書かなければなりません。

設問例：企業は利益を求めるためなら，何を行ってもよい。賛成か反対か？

> I quite disagree with the idea that corporations can do whatever they want to increase their profits. Every entity must keep its corporate ethics in mind; at the same time, it must contribute to society and its employees' benefits. Up-to-date technological advancements provide young entrepreneurs with a variety of methods to create easy money.
> （企業が利益を増すためならば何を行っても良いという考えには全くもって反対である。全ての企業は企業倫理を心に留め，同時に，社会とその従業員の利益に貢献すべきである。最新の技術進歩は，若い起業家に簡単に稼げるさまざまな手法を与えている）

- **096** keep 〜 in mind「〜を心に留める」
- **298** at the same time「同時に」
- **128** contribute to 〜「〜に貢献する」

実際の試験では，かなりの長文を書かなければなりません。その中で，内容がよいことを前提として，いかに多くの語法や文法上の正しさを示すかにより，得点が異なります。

機能別！熟語例文

ここでは，熟語を機能別にまとめました。例文はスピーキング，ライティングでも使える形ばかり！ 例文ごと覚えてスコアアップにつなげましょう。

例 示

536 for instance「例えば」
For instance, we can cultivate various types of plants to support the burgeoning population by using bioengineering.
（例えば，私たちは急増している人口を支えるために，生物工学を用いることでさまざまな植物を耕作することができる）

196 in terms of ～「～の観点から」
In terms of cost-benefit analyses, our new magnetically levitated trains far exceed other transportation systems.
（費用便益分析の観点から，私たちの新しいリニアモーターカーは他の運輸システムよりはるかに優れている）

義務・当然・必要

002 had better *do*「～した方がよい」
We had better live on campus while we are still freshmen.
（私たちは新入生の間は，キャンパス内に住んだ方がよいだろう）

032 be indispensable to ～「～に不可欠である」
Mathematics is indispensable to our life.（数学は私たちの生活に不可欠だ）

512 take it for granted (that) ～「～を当然のことと思う」
We take it for granted that parents support their children.
（私たちは，両親が子供を支えることを，当たり前のことと思っている）

希望・傾向

266 would rather *do*「むしろ～したい」
I would rather study with my friends than studying alone.
（私は，一人で勉強するより，むしろ友達と一緒に勉強したい）

手段・方法

572 by means of ~ 「~を用いて」
By means of elaborate transportation systems, now we can go anywhere we want.
（複雑な輸送手段により，現在私たちは望むところどこにでも行ける）

252 make use of ~ 「~を利用する」
We should make use of resources available in this country.
（私たちは，この国で利用可能な資源を活用すべきだ）

253 make the most of ~ 「~を最大限に活用する」
During the Industrial Revolution, we made the most of natural resources.
（産業革命期に私たちは，天然資源を最大限に活用した）

因果関係

046 so ~ that ... 「とても~なので…」
The mountain was so beautiful that I came to think that we should not destroy this precious beauty.
（その山があまりにも美しかったので，このかけがえのない美を破壊しないようにすべきだと考えるようになった）

083 so that ~ 「その結果~」
The new communication devices have accelerated the speed of information circulation so that we will be able to obtain various news instantaneously.
（その新しい通信手段は，情報の循環のスピードを上げているので，その結果，私たちはさまざまなニュースを即座に受けることができるだろう）

程度

374 no matter how ~ 「たとえどんなに~であっても」
No matter how difficult, we, Japanese, will unite to overcome the disaster.
（いかに難しかろうと，私たち日本人は災害を乗り越えるために団結する）

530 something of ~ 「ちょっとした~」
My friend, Ryosuke, is something of an artist.
（私の友人のリョウスケは，ちょっとした芸術家だ）

569 to some extent「ある程度は」
To some extent, the argument is valid.（ある程度，その議論は有効だ）

順接・同意

054 in accordance with ～「～に従って」
In accordance with the argument, we should wear uniforms.
（議論の通りに，私たちは制服を着るべきだ）

400 agree with ～「～に同意する」
I do agree with the argument that we should not use excessive energy resources.
（私たちは過剰なエネルギー資源を使うべきではないという議論に私は実に賛成だ）

逆接・反意

005 object to ～「～に反対する」
The lecturer objects to the argument presented in the passage.
（講師は，パッセージで述べられた議論に反論する）

232 in spite of ～「～にもかかわらず」
In spite of polluting the air, we heavily rely on fossil fuels.
（大気汚染にもかかわらず，私たちは，化石燃料にかなり依存している）

561 on the contrary「それどころか」
On the contrary, the lecturer poses three advantages of using genetically modified plants.
（それどころか，講師は遺伝子組み換え植物活用の3つの利点を述べた）

619 to the contrary「それとは反対に」
To the contrary, the lecturer states that we should be careful about using the Internet.
（その逆に，講師は私たちがインターネットを活用することに注意深くあるべきだと述べる）

付加

081 the more ～, the more ...「～すればするほど（ますます）…する」
The more we study, the more we understand about the necessity of education.
（勉強をすればするほど，私たちは教育の必要性を理解する）

105 on top of ~ 「～に加えて」
On top of that, my friend traveled around the world.
（それに加えて，私の友達は世界中を旅した）

まとめ

200 be convinced of ~ 「～を確信している」
I'm convinced of the importance of preserving nature.
（私は，自然を保護することの重要性を確信している）

328 so far 「これまでのところ」
So far, I discussed the merits of living in big cities.
（ここまで，私は大きな都市に住むことのメリットを述べてきた）

440 come to the [a] conclusion 「結論に達する」
I came to a conclusion that we should not rely solely on fossil fuels.
（私は，化石燃料だけに頼るべきでないという結論に達した）

499 on the whole 「全体的に見て」
On the whole, we can make the most of the resources we have.
（全体的に見て，私たちは持っている資源を最大限に活用することができる）

LIST >>

- 各週は5日間で構成されており，1〜4日が熟語，5日が口語表現になっています。
- 1日あたり15語（5日は10語）を学習します。
- 1週目2日以降は，右下のReviewコーナーを使って，前日の学習内容の復習をしましょう。また，各週の最後にあるReview Questionsで，1週間の学習内容を復習しましょう。

1 週目 1 日 CD 1-3　　　idiom

001　put down ~　　〜を書き留める，〜を下に置く
- Bill **put down** his address on the application form.　■ ビルは申込書に自分の住所を書き込んだ。
- You'd better **put down** your heavy baggage.　■ 君は重い荷物を下に置いた方がよい。

002　had better *do*　　〜した方がよい
- The train is departing. You**'d better** hurry.　■ 電車が出発しそうだ。急いだ方がよい。
  * 否定文では had better not *do* の語順となる。

003　once (and) for all　　はっきりと，今回限りで，これっきり
- Let's set the agenda for the meeting **once and for all**.　■ ミーティングの協議事項をはっきりと設定しよう。

004　take a rain check　　またの機会にする
- With this load of assignments, we'd better **take a rain check** on the rock concert.　■ この大量の宿題を考えると，ロックのコンサートはまたの機会にした方が良さそうだ。

005　object to ~　　〜に反対する
- The scholars **objected to** the new theory of evolution.　■ 学者たちは新しい進化論に反対した。

006　look down on ~　　〜を見下す，〜を軽蔑する
- Don't **look down on** Jim.　■ ジムを見下さないように。
  反 look up to ~

007　be responsible for ~　　〜について責任がある
- Terry **is responsible for** the accident.　■ テリーはその事故について責任がある。

008　burst into tears　　突然泣きだす
- When Mary heard the news, she **burst into tears**.　■ メアリーは，そのニュースを聞くと，突然泣きだした。

685 — more to go!

009 be superior to ~
~より優れている
- This refrigerator **is superior to** that one.
- この冷蔵庫はあちらのものより優れている。
- 反 be inferior to ~

010 hold up ~
(手など)を挙げる
- **Holding up** her hand, the lady tried to stop a cab.
- その女性は手を挙げてタクシーを止めようとした。

011 call it a day
その日の仕事を終える，切り上げる
- We just finished the assignment for Professor Thomson. Let's **call it a day**.
- トムソン教授の宿題が終わった。今日は終わりにしよう。

012 nothing more than ~
~にすぎない
- It was **nothing more than** a mere coincidence.
- それは単に偶然の一致にすぎなかった。
- 同 no more than ~

013 not only *A* but (also) *B*
A だけでなく B も
- **Not only** Jim **but also** Ken was to blame.
- ジムだけでなくケンも悪い。
- ＊主語になる場合には動詞を B に一致させる。also は省略されることが多い。only は merely や simply に置き換えることができる。

014 next to ~
~の隣に，(否定的な語の前で)ほとんど~
- John lived **next to** Ken.
- ジョンはケンの隣に住んでいた。
- It was **next to** impossible for him to pass the exam.
- 彼が試験に合格するのはほとんど不可能だった。
- 同 adjacent to ~「~の隣に」

015 abound in ~
~に富む
- This forest **abounds in** a variety of berries.
- この森はいろいろな種類のベリーに富んでいる。

016	**be fresh from ~** ■ All employees should study more about our company, especially those who <u>are fresh from</u> school.	～を出たばかりである ■ 従業員の皆さん，特に学校を出たばかりの人たちは，私たちの会社のことをもっとよく勉強してください。
017	**write down ~** ■ Please let me know your address. I will <u>write</u> it <u>down</u>.	～を書き留める ■ 君の住所を教えて。書き留めておくから。 同 take down ~
018	**break through ~** ■ We could somehow <u>break through</u> our hardships.	～を切り抜ける ■ 私たちは何とか苦境を切り抜けることができた。 同 overcome, get over ~
019	**make sense** ■ It doesn't <u>make sense</u>. Your idea is wrong.	筋が通る，意味が通じる ■ それは筋が通らないよ。君の考えは間違いだ。
020	**run into ~** ■ I <u>ran into</u> Tom at a theater.	～に偶然出会う ■ 私は映画館でトムに偶然出会った。 同 come across ~
021	**out of date** ■ This vehicle is <u>out of date</u>.	時代遅れの，旧式の ■ この車は時代遅れだ。 同 behind the times 反 up to date
022	**make a living** ■ He works hard from morning till night in order to <u>make a living</u>.	生計を立てる ■ 彼は生計を立てるために，朝から晩まで一生懸命に働いている。
023	**on the one hand ~;** **on the other hand ...** ■ <u>On the one hand</u> his invention will save energy; <u>on the other hand</u> it might be used as a weapon.	一方では～，また他方では… ■ 一方では，彼の発明は省エネに役立つだろうが，また他方では，それは兵器として利用されるかもしれない。

670 — more to go!

#	Phrase	Meaning / Example
024	**be consistent with ～**	～と一致している
	His theory <u>is consistent with</u> the experimental results.	彼の理論は実験結果と一致している。 反 be inconsistent with ～
025	**help *oneself* to ～**	～を自由に取って飲食する
	Welcome to the party! Please <u>help yourself to</u> some drinks.	ようこそパーティーへ！ お飲み物はご自由にお取りください。
026	**draw up ～**	（報告書など）を作成する
	Please <u>draw up</u> the music list by noon.	お昼までに，曲のリストを作成してください。
027	**mill about**	うろつく
	What a nice day! Why don't we <u>mill about</u> along the river?	なんて素敵な日なんだ！ 川沿いをぶらつかない？ 同 stroll
028	**be sick of ～**	～にうんざりしている
	I'<u>m sick of</u> having to eat cafeteria food every day.	私は毎日カフェテリアの食べ物を食べなくてはならないことにうんざりしている。
029	**get together**	集まる
	The team members <u>got together</u> to celebrate their victory.	勝利を祝うためにチームのメンバーが集まった。 同 assemble
030	**yield to ～**	～に屈する
	I'll not <u>yield to</u> hardships in my life.	私は人生の困難に屈しない。 同 surrender to ～，give in ～

Review ①～を見下す（006） ②～を書き留める（001） ③またの機会にする（004） ④～より優れている（009） ⑤～に富む（015） ⑥～した方がよい（002） ⑦～について責任がある（007） ⑧その日の仕事を終える（011） ⑨AだけでなくBも（013） ⑩はっきりと（003） ⑪～にすぎない（012） ⑫～の隣に（014） ⑬～に反対する（005） ⑭突然泣きだす（008） ⑮（手など）を挙げる（010）

1週目 3日 CD 1-5

idiom

031	**set about ~**	~に取りかかる
	■ Let's <u>set about</u> preparing for the welcome party.	■ 歓迎会の準備に取りかかろう。

032	**be indispensable to ~**	~に不可欠である
	■ The fiscal policy done by President Roosevelt <u>was indispensable to</u> the reduction of the rate of unemployment.	■ ルーズベルト大統領による財政政策は，失業率の減少に不可欠であった。

033	**in no time**	すぐに
	■ Turn right and walk straight. You'll find the post office <u>in no time</u>.	■ 右に曲がって真っすぐに歩いてください。すぐに郵便局が見つかりますよ。

034	**wind up with ~**	~に終わる
	■ His experiment <u>wound up with</u> a failure.	■ 彼の実験は失敗に終わった。 同 result in ~

035	**be conscious of ~**	~を意識している
	■ We <u>were</u> all <u>conscious of</u> the onlooker.	■ 私たちはみんな，その見物人がいることを意識していた。 同 be aware of ~

036	**take up ~**	(問題など)を取り上げる
	■ The chairperson <u>took up</u> the agenda.	■ 議長はその議題を取り上げた。

037	**make for ~**	~に向かう, ~に寄与する
	■ He <u>made for</u> the door, but he couldn't open it. ■ His help will not <u>make for</u> your success.	■ 彼はドアの方へ向かったが，開けられなかった。 ■ 彼の援助は君の成功に寄与しないだろう。

038	**far from ~**	~するどころでなく, 決して~ない
	■ <u>Far from</u> being well, she had actually been hospitalized for weeks. ■ What Jim told us was <u>far from</u> the truth.	■ 元気になったどころでなく，彼女は実際は数週間入院していた。 ■ ジムが私たちに話したことは決して真実ではなかった。

039	**be addicted to ~**	~中毒になっている，~を常習する	
	■ He **was addicted to** alcohol.	■ 彼はアルコール**中毒になっていた**。	
040	**keep *one's* temper**	平静を保つ，（怒りを）抑える	
	■ However hard the criticism was, Tom **kept his temper**.	■ どんなに批判が痛烈でも，トムは**平静を保った**。 反 lose *one's* temper	
041	**attribute *A* to *B***	AをBのせいにする	
	■ The Cabinet Office **attributed** today's recession **to** the lack of private investments.	■ 内閣府は，現在の不況を民間投資の欠如のせいにした。	
042	**put off ~**	~を延期する	
	■ Would you please **put off** the meeting till next Friday?	■ 今度の金曜日までミーティング**を延期して**いただけませんか？ ＊put on ~ は「~を着る」	
043	**be late for ~**	~に遅れる	
	■ Because of the traffic accident, I **was late for** class.	■ 私はその交通事故のせいで授業に遅れた。	
044	**set up ~**	~を設立する，~を立てる	
	■ They **set up** a new company. The business is expected to be very successful.	■ 彼らは新しい会社を**設立した**。その事業は大いなる成功を期待されている。	
045	**bring up ~**	~を育てる，（話題など）を持ち出す	
	■ She has **brought up** two pairs of twins. ■ Jim **brought up** the proposal at the student conference.	■ 彼女は2組の双子を**育てた**。 ■ ジムは生徒会で提案を**持ち出した**。	

Review ①~と一致している（024）②生計を立てる（022）③~に屈する（030）④時代遅れの（021）⑤（報告書など）を作成する（026）⑥~を自由に取って飲食する（025）⑦~を出たばかりである（016）⑧~を書き留める（017）⑨~を切り抜ける（018）⑩うろつく（027）⑪筋が通る（019）⑫一方では~，また他方では…（023）⑬~にうんざりしている（028）⑭集まる（029）⑮~に偶然出会う（020）

1週目 4日 CD 1-6　idiom

046 so ～ that …
- The class was **so** noisy **that** I couldn't even hear what the professor said.

とても～なので…
- 教室がとてもうるさかったので，教授が話していたことを聞き取れさえしなかった。
- ＊重要な構文。口語では that が省略されるときもある。

047 no longer ～
- Visiting Mars is **no longer** mere science fiction.

もはや～でない
- 火星への訪問は，もはや単なるSFの話ではない。
- 同 not ～ any more

048 keep an eye on ～
- **Keep an eye on** him! He may mistakenly mix up the chemicals.

～から目を離さない
- 彼から目を離さないで！ 薬品を誤って混合するかもしれない。

049 as a result
- Both of us worked hard. **As a result**, we succeeded in obtaining enough data from our experiments.

その結果として
- 私たち2人は一生懸命に研究した。**その結果**として，実験から十分なデータを得るのに成功した。
- 同 therefore

050 in detail
- You are required to write down the results of these experiments **in detail**.

詳細に
- みなさんはこの実験の結果を**詳細**に書き留める必要がある。

051 in public
- Don't humiliate him **in public**.

人前で，公然と
- 人前で彼に恥をかかせないように。

052 straighten up ～
- My parents are coming. I have to **straighten up** my room.

～を整頓する
- 両親が来るんだ。部屋を片付けないといけないな。

053 turn to ～
- Let's **turn to** the next agenda.
- The snow on the road **turned to** ice at midnight.

～に取りかかる，～に変化する
- 次の議題に取りかかりましょう。
- 路上の雪は夜中に氷に変わった。

640 — more to go!

---

054 in accordance with ~ | ~に従って，~と一致して
- **In accordance with** your instructions, we disposed of our property. | あなたの指示に従って，私たちは財産を処分した。

---

055 die out | 死滅する
- Many animals have **died out** because of air pollution. | 大気汚染により，多くの動物が死滅した。

---

056 save face | 面目を保つ
- Thank you for your kind advice. We were able to **save face**. | ご親切なアドバイスをありがとうございました。私たちは面目を保つことができました。
- 反 lose face

---

057 long for ~ | ~を切望する，~を思いこがれる
- I've **longed for** this letter of acceptance. | 私はこの合格通知を切望していた。
- The refugees **longed for** the life in their homeland. | 難民たちは，祖国での生活を思いこがれていた。

---

058 come in handy | 役に立つ，重宝する
- All the information about the financial market will **come in handy**. | 金融市場に関する全ての情報は，役に立つだろう。
- 同 be useful

---

059 blow up | 爆発する，(嵐などが)起こる
- The plant **blew up** because of a gas leakage. | 工場はガス漏れで爆発した。
- A strong wind **blew up**. | 激しい風が起こった。
- ＊多くの意味があるので注意。

---

060 get well | 病気が治る
- Jim's grandfather finally **got well**. | ジムのおじいさんはようやく病気が治った。

Review ①~するどころでなく(038) ②~を育てる(045) ③~に遅れる(043) ④~を延期する(042) ⑤~を意識している(035) ⑥平静を保つ(040) ⑦~中毒になっている(039) ⑧~に向かう(037) ⑨~に取りかかる(031) ⑩~に不可欠である(032) ⑪~を設立する(044) ⑫すぐに(033) ⑬(問題など)を取り上げる(036) ⑭~に終わる(034) ⑮AをBのせいにする(041)

colloquial expression

---

061 Speak for yourself. — 自分のことだけ言え。

- ☆: Jim, we don't follow our lab protocol.
- ★: Speak for yourself. I'm the one who wears a lab coat.

- ☆: ジム，私たちは研究室の手順を踏んでいないわ。
- ★: 自分のことだけ言いなよ。僕は実験着を着ているよ。

---

062 for better or worse — 良かれ悪しかれ

- ★: Are you going back to your hometown?
- ☆: I'm not sure yet. I'm applying to several companies here. But, for better or worse we have to prepare for the graduation.

- ★: 実家に帰るのかい？
- ☆: まだ分からないわ。ここの数社に応募しているの。でも，良かれ悪しかれ，卒業の準備をしなくちゃね。

---

063 out of line — 協調性がない，節度を欠いている

- ☆: Dan will not remain in our committee with his attitude.
- ★: Indeed. He's been out of line in recent meetings.

- ☆: ダンは，あんな態度では私たちの委員会にいられないわ。
- ★: 本当だね。彼は，最近の打ち合わせで協調性がないね。

---

064 take an interest in ～ — ～に興味を持つ

- ★: I've recently taken an interest in a career in entomology.
- ☆: I know why. You frequently observed insects as a child.

- ★: 最近，昆虫学にかかわる仕事に興味を持っているんだ。
- ☆: 分かるわ。子供の時にしょっちゅう昆虫を観察していたもの。

---

065 get to ～ — ～をイライラさせる

- ☆: These days, the guy next door is playing the piano all night. It gets to me!
- ★: Why don't you talk to him about it?

- ☆: このところ，隣の人が夜中にずっとピアノを弾いているの。イライラするわ！
- ★: そのことを，彼に話したらどうだい？

066 Get a hold of yourself.

落ち着け。

☆：Oh, no! My computer got a virus. My paper is being deleted!
★：**Get a hold of yourself.** First, unplug the computer.

☆：ああ，なんてこと！ 私のコンピューターがウィルスに感染したわ。私のレポートが消されていくわ！
★：落ち着きなさい。最初に，コンピューターの電源を抜いて。

同 get a grip on *oneself*

067 be hard on ～

～につらくあたる

☆：My new boss **is hard on** me.
★：Why don't you talk to him? I heard he is actually quite understanding.

☆：新しい上司が私につらくあたるのよ。
★：話し合いなよ。彼は実際のところ，とても理解があると聞いているから。

068 quite a person

すごい人

★：I hear your son won a full scholarship. Congratulations. He must be **quite a person**.
☆：He sure is! He's been studying so hard. I'm always proud of him.

★：君の息子さんが全額支給の奨学金を取ったんだって。おめでとう。息子さんは**すごい人**に違いないね。
☆：本当なのよ。一生懸命に勉強しているわ。いつも息子を誇りに思うの。

069 have a hunch (that) ～

～という予感がする

☆：Walking in the park is very refreshing.
★：Well, I **have a hunch that** it'll rain soon. Let's go back to the lodge.

☆：公園を散歩するって本当に良い気分転換だわ。
★：でも雨が降りそうな**予感がする**。宿に戻ろうよ。

070 the odds are against ～

形勢は～に不利だ，～に勝算はない

★：Is there any chance that Tom will find a study group? His partner just left school.
☆：I know Tom is a good student. But, **the odds are against** him. All of the students except Tom already started the project.

★：トムは研究グループを見つけられるかな？ 彼のパートナーが学校を辞めたんだ。
☆：トムが良い学生だというのは分かっているわ。でも，**形勢は**彼**に不利な**ようね。トム以外の学生はみんなプロジェクトをすでに始めているわ。

Review Questions — idiom

WEEK 1

空所に最も適切な語句，または下線部と同じ意味の語句を，選択肢から選びましょう。

1 May I take _____ for the dinner tonight? I've got to attend the faculty meeting.
 (A) a rain check (B) a double check
 (C) a rainy check (D) a rain

2 This lake abounds _____ frogs.
 (A) of (B) in (C) by (D) for

3 The first settlers _____ the harsh winter by taking shelter in log houses.
 (A) broke up (B) broke down (C) broke through (D) broke into

4 They somehow _____ a living with their meager business.
 (A) created (B) made (C) owned (D) sold

5 The Dean attributed the tuition increase _____ the abnormally high inflation.
 (A) to (B) from (C) at (D) by

6 We behaved well at restaurant _____ our father's wish.
 (A) accordingly with (B) in accordance by
 (C) accorded with (D) in accordance with

7 Professor Johnson will come to the class <u>in no time</u>.
 (A) finally (B) late (C) before long (D) suddenly

8 We had to <u>put off</u> the wedding due to bad weather.
 (A) cancel (B) rearrange (C) postpone (D) start

9 After seeing a doctor, Sam <u>got well</u>.
 (A) recovered from illness (B) passed the exam
 (C) entered the medical department (D) got used to the medicine

1 正解 (A) **004** take a rain check「またの機会にする」(→p. 28)
今夜のディナー，またの機会にしてもいいかな。教授会に出ないといけないんだ。

---

2 正解 (B) **015** abound in ~「~に富む」(→p. 29)
この湖にはカエルがたくさんいる。

---

3 正解 (C) **018** break through ~「~を切り抜ける」(→p. 30)
最初の植民者達は，丸太小屋に身を寄せることで厳しい冬を乗り切った。
＊不正解の(A) break up ~は「~を解体する」，(B) の break down ~は「~を取り壊す」，(D) break into ~は「~に侵入する，~に口を挟む」などの意味です。

---

4 正解 (B) **022** make a living「生計を立てる」(→p. 30)
彼らは何とか，わずかな事業で生計を立てた。

---

5 正解 (A) **041** attribute A to B「AをBのせいにする」(→p. 33)
学部長は，授業料の値上げを異常に高いインフレのせいだとした。
＊前置詞の使い方はITPの文法セクションで出題される可能性があります。

---

6 正解 (D) **054** in accordance with ~「~に従って」(→p. 35)
私たちは，父親の希望に従ってレストランで行儀良く振る舞った。

---

7 正解 (C) **033** in no time「すぐに」(→p. 32)
ジョンソン教授は間もなく教室に来るだろう。

---

8 正解 (C) **042** put off ~「~を延期する」(→p. 33)
私たちは，悪天候のために結婚式を延期しなければいけなかった。
＊(A) cancel「~を中止する」の同義語はcall off ~です。

---

9 正解 (A) **060** get well「病気が治る」(→p. 35)
サムは医者に行った後に，回復した。

Review Questions

colloquial expression

🔊 **CD 1-8~17**　CDを聞き，各質問の答えとして最も適切なものを選びましょう。

1 What does the man mean?
(A) He doesn't think he has a problem.
(B) He wants the woman to speak loud.

2 What does the woman mean?
(A) She may not go back to her hometown.
(B) She is definitely going back to her hometown.

3 What does the man imply about Dan?
(A) He was replaced.
(B) He is not getting along with others.

4 What does the woman imply?
(A) The man should learn child psychology.
(B) She isn't surprised about the man's feelings.

5 What does the man mean?
(A) The woman should speak to her neighbor.
(B) The woman should complain about the noise to her housemaster.

6 What does the man mean?
(A) He wants the woman to stay calm.
(B) He wants the woman to take the computer to her home.

7 What does the man imply?
(A) The woman needs to understand her own situation.
(B) The woman needs to speak to her boss.

8 What does the woman say about her son?
(A) He should spend time with her.
(B) He is very diligent.

9 What does the man mean?
(A) They should go hunting.
(B) It might rain soon.

10 What does the woman imply?
(A) Tom will easily find a group to join.
(B) Tom will have a difficulty finding a group.

1 正解 (A)

☆：Jim, we don't follow our lab protocol.
★：Speak for yourself. I'm the one who wears a lab coat.
What does the man mean?
(A) He doesn't think he has a problem.　　(B) He wants the woman to speak loud.

> ☆：ジム，私たちは研究室の手順を踏んでいないわ。
> ★：自分のことだけ言いなよ。僕は実験着を着ているよ。
> 男性は何を言っているのでしょうか。
> (A) 彼は自分に問題があるとは思っていない。
> (B) 彼は女性に大声で話してほしい。
> ＊Speak for yourself. から，女性と一緒にしないでほしい，ということが分かります。

2 正解 (A)

★：Are you going back to your hometown?
☆：I'm not sure yet. I'm applying to several companies here. But, for better or worse we have to prepare for the graduation.
What does the woman mean?
(A) She may not go back to her hometown.
(B) She is definitely going back to her hometown.

> ★：実家に帰るのかい？
> ☆：まだ分からないわ。ここの数社に応募しているの。でも，良かれ悪しかれ，卒業の準備をしなくちゃね。
> 女性は何を言っているのでしょうか。
> (A) 彼女は実家に帰らないかもしれない。　　(B) 彼女は確実に実家に帰るだろう。
> ＊女性のI'm not sureとI'm applying ... here. から，ここに残る可能性があることを理解しましょう。

3 正解 (B)

☆：Dan will not remain in our committee with his attitude.
★：Indeed. He's been out of line in recent meetings.
What does the man imply about Dan?
(A) He was replaced.　　(B) He is not getting along with others.

> ☆：ダンは，あんな態度では私たちの委員会にいられないわ。
> ★：本当だね。彼は，最近の打ち合わせで協調性がないね。
> 男性はダンについて何を示唆していますか。
> (A) 彼は交代させられた。　　(B) 彼は他の人とうまくやっていけていない。
> ＊ダンは協調性はありませんが，すでに交代させられた，とは言っていません。

4 正解 (B)

★：I've recently taken an interest in a career in entomology.
☆：I know why. You frequently observed insects as a child.
What does the woman imply?
(A) The man should learn child psychology.

41

(B) She isn't surprised about the man's feelings.

★：最近，昆虫学にかかわる仕事に興味を持っているんだ。
☆：分かるわ。子供の時にしょっちゅう昆虫を観察していたもの。
女性は何を示唆していますか。
(A) 男性は児童心理学を学ぶべきだ。　　(B) 彼女は男性の心情に驚いていない。
＊entomology「昆虫学」を知らないと間違えるかもしれません。

5　正解 (A)

☆：These days, the guy next door is playing the piano all night. It gets to me!
★：Why don't you talk to him about it?
What does the man mean?
(A) The woman should speak to her neighbor.
(B) The woman should complain about the noise to her housemaster.

☆：このところ，隣の人が夜中にずっとピアノを弾いているの。イライラするわ！
★：そのことを，彼に話したらどうだい？
男性は何を言っているのでしょうか。
(A) 女性は隣人に話をすべきだ。　　(B) 女性は寮長に騒音について文句を言うべきだ。
＊talk to him about it と言っているので，寮長ではなく隣人に直接話します。また選択肢では the guy next door が her neighbor と言い換えられています。

6　正解 (A)

☆：Oh, no! My computer got a virus. My paper is being deleted!
★：Get a hold of yourself. First, unplug the computer.
What does the man mean?
(A) He wants the woman to stay calm.
(B) He wants the woman to take the computer to her home.

☆：ああ，なんてこと！　私のコンピューターがウィルスに感染したわ。私のレポートが消されていくわ！
★：落ち着きなさい。最初に，コンピューターの電源を抜いて。
男性は何を言っているのでしょうか。
(A) 彼は女性に落ち着いてほしい。
(B) 彼は女性にコンピューターを家に持って行ってほしい。
＊unplug the computer とは言っていますが，女性の家に持って帰るのではありません。

7　正解 (B)

☆：My new boss is hard on me.
★：Why don't you talk to him? I heard he is actually quite understanding.
What does the man imply?
(A) The woman needs to understand her own situation.
(B) The woman needs to speak to her boss.

☆：新しい上司が私につらくあたるのよ。
★：話し合いなよ。彼は実際のところ，とても理解があると聞いているから。

男性は何を示唆していますか。
(A) 女性は自分の立場を知るべきだ。　　(B) 女性は上司と話をすべきだ。
＊Why don't you ～?「～してはどうですか」から正解は(B)。(A)だと，女性が悪いことになります。

---

8 正解 (B)

★：I hear your son won a full scholarship. Congratulations. He must be quite a person.
☆：He sure is! He's been studying so hard. I'm always proud of him.
What does the woman say about her son?
(A) He should spend time with her.　　(B) He is very diligent.

★：君の息子さんが全額支給の奨学金を取ったんだって。おめでとう。息子さんはすごい人に違いないね。
☆：本当なのよ。一生懸命に勉強しているわ。いつも息子を誇りに思うの。
女性は息子について何を言っているのでしょうか。
(A) 彼は彼女と一緒の時間を過ごすべきだ。　(B) 彼は非常に勤勉だ。
＊女性は息子の勉強ができることを自慢しています。アメリカ人は自分の家族の素敵なところを堂々と自慢します。

---

9 正解 (B)

☆：Walking in the park is very refreshing.
★：Well, I have a hunch that it'll rain soon. Let's go back to the lodge.
What does the man mean?
(A) They should go hunting.　　(B) It might rain soon.

☆：公園を散歩するって本当に良い気分転換だわ。
★：でも雨が降りそうな予感がする。宿に戻ろうよ。
男性は何を言っているのでしょうか。
(A) 彼らは狩りに行くべきだ。　　(B) 雨がもうすぐ降るかもしれない。
＊男性がit'll rain soonと言っていることから，(B)が正解です。

---

10 正解 (B)

★：Is there any chance that Tom will find a study group? His partner just left school.
☆：I know Tom is a good student. But, the odds are against him. All of the students except Tom already started the project.
What does the woman imply?
(A) Tom will easily find a group to join.
(B) Tom will have a difficulty finding a group.

★：トムは研究グループを見つけられるかな？　彼のパートナーが学校を辞めたんだ。
☆：トムが良い学生だというのは分かっているわ。でも，形勢は彼に不利なようね。トム以外の学生はみんなプロジェクトをすでに始めているわ。
女性は何を示唆していますか。
(A) トムは参加するグループを簡単に見つけられるだろう。
(B) トムはグループを見つけるのに苦労するだろう。
＊女性の最後の発言から，トムがグループを見つけるのは難しいと推測できます。

2週目 1日 CD 1-18　idiom

071 come out
- Moles usually **come out** from their nests at night.
- When will your novel **come out**?

出る，出版される
- モグラは通常夜に巣から出てくる。
- 君の小説はいつ**出版される**のですか？
- *多くの意味があるので注意。

072 give in
- The South **gave in** after heavy fighting.

降参する
- 南軍は，激しい戦闘の後に**降参した**。

073 in (good) shape
- Taking a walk every morning will keep you **in good shape**.

(良い)健康状態で
- 毎朝散歩すると，良い健康状態に保てる。
- 同 in good health

074 come across ～
- I **came across** your father on the corner.

～に偶然会う
- そこの角で君のお父さんに**偶然お会いした**よ。

075 account for ～
- It was difficult for him to **account for** his mistakes.

～(の理由)を説明する，～を占める
- 彼には自分の間違いを**説明する**のが難しかった。
- 同 explain

076 in short
- **In short**, this theory is nonsense.

端的に言えば，要するに
- **端的に言えば**，この理論はばかげている。

077 as a whole
- This new technology will save both energy and time **as a whole**.

全体として
- この新しい技術は，**全体として**，エネルギーと時間を節約するだろう。

078 not ～ at all
- I do**n't** care about the lab result **at all**.

少しも～ない
- 私は実験結果について**少しも**気にしていない。
- *Not at all. は Don't mention it. と同じように「どういたしまして」

615 — more to go!

079 ☐	**do more harm than good** ■ Smoking <u>does</u> you <u>more harm than good</u>.	有害無益である ■ 喫煙は**有害無益**だ。
080 ☐	**at [on] short notice** ■ When Professor Stanton asked me about buzz marketing <u>at short notice</u>, I couldn't give an answer.	突然に，急に ■ スタントン教授から口コミについて**突然**質問されて，私は答えられなかった。
081 ☐	**the more 〜, the more [less, fewer] ...** ■ <u>The more</u> money you make, <u>the more</u> taxes you have to pay.	〜すればするほど（ますます）…する［しなくなる］ ■ お金を稼げば稼ぐほど，ますます多く税金を支払わなければならない。
082 ☐	**succeed in 〜** ■ I <u>succeeded in</u> passing the entrance exam.	〜に成功する ■ 私は入学試験合格に**成功した**。
083 ☐	**so that 〜** ■ His son practiced very hard, <u>so that</u> he won first prize.	その結果〜 ■ 彼の息子は一生懸命練習し，**その結果**1等賞を取った。
084 ☐	**from scratch** ■ He made a huge fortune <u>from scratch</u>.	ゼロから，最初から ■ 彼は**ゼロから**巨万の富を築き上げた。
085 ☐	**hear from 〜** ■ I'm looking forward to <u>hearing from</u> you.	〜から便りがある ■ あなたから**お便りがある**のを楽しみに待っています。

Review ①とても〜なので…（046）②人前で（051）③〜を整頓する（052）④その結果として（049）⑤爆発する（059）⑥〜から目を離さない（048）⑦〜を切望する（057）⑧役に立つ（058）⑨詳細に（050）⑩〜に取りかかる（053）⑪〜に従って（054）⑫もはや〜でない（047）⑬死滅する（055）⑭面目を保つ（056）⑮病気が治る（060）

2週目 2日　CD 1-19　idiom

086	**in case of ~**	もし~の場合には
	■ Please use my car **in case of** emergency.	■ もし緊急の場合には、私の車をお使いください。

087	**keep up with ~**	~に遅れずについて行く
	■ The sun will set soon. We'll have to **keep up with** the guide.	■ 日は間もなく落ちるだろう。ガイドに遅れずについて行かなくてはならない。

088	**devote *oneself* to ~**	~に専念する、~に打ち込む
	■ Mother Teresa had **devoted herself to** caring for the poor.	■ マザー・テレサは貧しい人々の世話をすることに専念した。

089	**feel like *doing***	~したい気分である
	■ Sam, I **feel like** crying!	■ サム、泣きたい気分だよ！

090	**give ~ a ring [call, buzz]**	~に電話をする
	■ I will **give** you **a ring** tonight.	■ 今夜あなたに電話をします。

091	**at any moment**	今にも
	■ It will snow **at any moment**.	■ 今にも雪が降りだしそうだ。

092	**go through with ~**	（難事など）をやり通す、実行する
	■ Kathy **went through with** her plan to graduate early.	■ キャシーは早期卒業の計画をやり通した。

093	**pick ~ up on *one's* own**	~を自分自身で身に付ける
	■ I didn't go to music school to learn how to play the violin. I **picked** it **up on my own**.	■ 私は音楽学校に行って、バイオリンを習ったのではないんだ。自分で覚えたんだよ。

600 more to go!

094 hang around [about]
あてもなくぶらつく
- Many youngsters hang around here at night.
- 多くの若者たちが夜，ここであてもなくぶらついている。

095 slip *one's* mind
うっかり忘れる
- It slipped my mind to buy the hamburger.
- ハンバーガーを買うことを，うっかり忘れてしまった。

096 keep ～ in mind
～を心に留める
- Never do that again! Keep what your mentor told you in mind!
- もう二度とあんなことしないように！ 君の指導者の言いつけを心に留めなさい！
- 同 bear ～ in mind

097 back away
遠ざかる
- They backed away from the ideology.
- 彼らはそのイデオロギーから遠ざかった。

098 amount to ～
総計～になる，～に達する
- Your purchase amounts to $50.
- The loss caused by the accident amounted to three million dollars.
- お買い上げは総額で50ドルになります。
- その事故による損失は300万ドルに達した。
- 同 come up to ～「～に達する」

099 go by
(時が)経つ
- As time went by, we lost the beauty of our land.
- 時が経つにつれて，私たちは国土の美しさを失った。

100 wear out ～
～を使い古す，～を疲れ果てさせる
- My shoes are worn out.
- I can't study anymore! I'm worn out.
- 私の靴は使い古されている。
- もう勉強できない！ 私は疲れ果てています。

Review ①出る (071) ②端的に言えば (076) ③全体として (077) ④～に偶然会う (074) ⑤ゼロから (084) ⑥(良い)健康状態で (073) ⑦～に成功する (082) ⑧その結果～ (083) ⑨～(の理由)を説明する (075) ⑩少しも～ない (078) ⑪有害無益である (079) ⑫降参する (072) ⑬突然に (080) ⑭～すればするほど(ますます)…する (081) ⑮～から便りがある (085)

2週目 3日 CD 1-20　idiom

101	**make no difference**	同じことである
	■ It **makes no difference** to me whether I make the website myself or ask someone else to do it.	■ 私自身がウェブサイトを作ろうが，誰かに頼もうが，私にとってはどちらでも同じことである。

102	**fit in ～**	～に適合する，～をスケジュールに入れる
	■ It might be hard for Mary to **fit in** our urban community.	■ メアリーが私たちの都会のコミュニティーになじむのは大変だろう。
	■ I have to **fit** the advanced biology course **in** my schedule to graduate.	■ 卒業するためには，私は上級生物学コースをスケジュールに入れないといけない。

103	**pull through (～)**	回復する，（困難や病気など）を切り抜ける
	■ It was a bad accident, but I think she'll **pull through**.	■ ひどい事故だったが，彼女は何とか回復すると思う。

104	**make up (～)**	仲直りする，～を構成する
	■ The two friends **made up** at last.	■ 2人の友人は最後には仲直りした。
	■ This metal is **made up** of two different substances.	■ この金属は2つの異なる物質から構成されている。
		同 compose「～を構成する」

105	**on top of ～**	～に加えて
	■ **On top of** that, Ken is trusted by every classmate.	■ それに加えて，ケンはクラスメート全員から信頼されている。
		同 in addition to ～

106	**be indifferent to ～**	～に無関心である
	■ He **was indifferent to** what Mary was talking about.	■ 彼はメアリーが話していることに無関心だった。

107	**fill out ～**	（書類）に記入する，～に書き込む
	■ **Fill out** this application form.	■ この応募書類に記入しなさい。

108	**more or less**	おおよそ，多かれ少なかれ
	■ It will take 15 minutes, **more or less**, if you go on foot.	■ 歩けばおおよそ15分かかるでしょう。

585 — more to go!

109 lay aside ～ 〜をとっておく
- You should **lay aside** some money for your graduate studies.
- 大学院での研究のために，君はいくらかのお金をとっておくべきだ。
- 同 put aside ～, set aside

110 be typical of ～ 〜の特徴を示している
- High fever **is typical of** the flu.
- 高熱はインフルエンザの**特徴を示している**。

111 apart from ～ 〜から離れて，〜を別にすれば
- **Apart from** the agenda, let's discuss the coming party.
- **Apart from** the difficulty of getting a new job, he wanted to change his career.
- 議題**から離れて**，来るべきパーティーについて検討しよう。
- 新しい職を得る難しさを**別にすれば**，彼は職業を変えたがっていた。

112 make up for ～ 〜の埋め合わせをする
- I'm sorry I canceled the last class. I will **make up for** it this weekend.
- この前の授業を中止にしてすみませんでした。今週末にその埋め合わせをします。
- 同 compensate

113 behind the times 時代遅れの
- His opinion about working women is well **behind the times**.
- 彼の働く女性に対する考え方は本当に**時代遅れ**だ。
- 同 out of date

114 it is no use [good] *doing* 〜しても無駄だ
- **It is no use** crying over spilt milk.
- こぼれたミルクを嘆いても**無駄**だ。
- ＊「後悔先に立たず（覆水盆に返らず）」という意味のことわざ。

115 worth (*one's*) while ～ 〜する価値がある
- It is **worth your while** mastering these idioms.
- これらの熟語は覚える**価値がある**。

Review ①総計〜になる(098) ②〜したい気分である(089) ③今にも(091) ④〜に専念する(088) ⑤〜に遅れずについて行く(087) ⑥(難事など)をやり通す(092) ⑦あてもなくぶらつく(094) ⑧もし〜の場合には(086) ⑨〜を自分自身で身に付ける(093) ⑩〜を心に留める(096) ⑪うっかり忘れる(095) ⑫遠ざかる(097) ⑬(時が)経つ(099) ⑭〜を使い古す(100) ⑮〜に電話をする(090)

2週目 4日 CD 1-21 idiom

116 let down ~
- Professor Smith feels really **let down** because so many of us failed his final exam.
- Don't **let** us **down** by lying to us.

~を失望させる，~を裏切る
- 私たちの多くが期末試験で落第点を取ったので，スミス教授は本当に**失望している**。
- うそをついてわれわれを**裏切るな**。
- ＊多くの意味があるので注意。

117 stem from ~
- His family **stemmed from** the royal lineage.

~に由来する，~に起因する
- 彼の家柄は王族の家系に**由来していた**。
- 同 come from ~, be derived from ~「~に由来する」

118 bring down ~
- He **brought down** a time-honored tree.

~を倒す
- 彼は由緒ある木を切り倒した。

119 take advantage of ~
- You can **take advantage of** the new low price.

~を利用する
- 新しい低価格を利用することができます。

120 have an effect on ~
- Air pollution will **have an effect on** the ecosystem.

~に影響を及ぼす
- 大気汚染は生態系に**影響を及ぼす**だろう。

121 be obliged to A for B
- I'm much **obliged to** you **for** your advice.

BについてAに感謝している
- 私はあなたのアドバイスについてあなたにとても**感謝している**。

122 for a change
- It's better for you to take a walk **for a change**.

気分転換に
- 気分転換に散歩したほうがよいですよ。

123 look over ~
- Professor Johnson **looked over** many papers.

~に目を通す，~を調べる
- ジョンソン教授は多くのレポートに目を通した。

570 — more to go!

124 up in the air
- Plans for summer vacation are still **up in the air**.

未定で，未解決で
- 夏休みの計画はまだ未定だ。

125 keep ~ to *oneself*
- This is very sensitive information. Please **keep** it **to yourself**.

~を他に明かさない，~を独り占めする
- これは大変な機密情報だ。それを他の人に明かさないように。

126 feel up to ~
- I don't **feel up to** playing tennis today.

~するだけの元気があると思う，~ができそうな気がする
- 今日はテニスをするだけの元気がない。

127 if not impossible
- Communication without verbal language would be difficult, **if not impossible**.

不可能でないにしても
- 言語を用いない意志の疎通は，不可能でないにしても難しいでしょう。

128 contribute to ~
- Be a good student. You will **contribute to** society after graduation.

~に貢献する
- 良い学生でありなさい。皆さんは卒業後に社会に貢献するようになるでしょう。

129 look ~ in the eye
- **Look** me **in the eye** when I'm talking to you!

~の目をちゃんと見る，~を正視する
- 私が君に話している時は，私の目をちゃんと見なさい！

130 major in ~
- I **majored in** economics in university.

~を専攻する
- 私は大学で経済学を専攻した。

Review ①仲直りする（104）②~をとっておく（109）③同じことである（101）④~に加えて（105）⑤~の埋め合わせをする（112）⑥~する価値がある（115）⑦~に無関心である（106）⑧おおよそ（108）⑨~しても無駄だ（114）⑩~に適合する（102）⑪~の特徴を示している（110）⑫時代遅れの（113）⑬（書類）に記入する（107）⑭回復する（103）⑮~から離れて（111）

2週目 5日 CD 1-22 — colloquial expression

131 have *one's* heart set on ~
☆: I really want to go to graduate school.
★: What would you do with your current job? But, if you **have your heart set on** it, go for it.

~を心に決めている
☆：本当に，大学院に行きたいわ。
★：今の仕事をどうするんだい？ でも，もうそれを心に決めているんだったら，頑張って。

132 fill *one's* shoes
★: Did you hear Bill will leave the company?
☆: Yeah, the board committee won't be able to find anyone to **fill his shoes**.

~の後任を務める
★：ビルが会社を辞めるって聞いたかい？
☆：ええ，役員会では彼の後任を務める人を探せないでしょうね。

133 if only ~
☆: Having a car would be nice. It takes 50 minutes to get to class.
★: **If only** we lived near campus.

~でさえあればいいのに
☆：車があれば素敵ね。授業に行くのに50分もかかるのよ。
★：キャンパスのそばに住んでさえいたらよかったのになあ。

134 face the music
☆: What shall we do without money?
★: You spent so much money on clothing! But, anyway, we have to **face the music**.

(困難な結果などの)現実を受け止める，立ち向かう
☆：お金なしでどうしたらいいのかしら？
★：君が服にそんなにお金をかけるからだよ！ でも，ともかく，現実を受け止めなきゃね。

135 by and by
☆: When will our guest speaker arrive?
★: **By and by**, he will be here.

間もなく，やがて
☆：来賓講演者はいつ着くのかしら？
★：間もなくここに到着する予定だ。

560 —more to go!

136	**keep ～ at bay**	～を食い止める
	☆ : I'm relieved that the heavy rain dwindled.	☆ : 豪雨が収まってほっとしたわ。
	★ : Luckily, firefighters could **keep** the flood **at bay**.	★ : 幸いなことに，消防士が洪水を食い止めることができたね。

137 | **I wouldn't even think of ～** | （私なら）～は考えさえもしない
 | ★ : Hi, Janet. I'm thinking of dropping Chem 102. I'm worried about the mid-term exam. | ★ : やあ，ジャネット。実は化学102のクラスを辞めようかと思っているんだ。中間試験が心配でさ。
 | ☆ : If I were you, **I wouldn't even think of** it. Professor Johnson is easy on everyone. | ☆ : 私ならばそんなことは**考えさえもしない**わ。ジョンソン教授は厳しくないわよ。

138 | **stand a chance** | 勝ち目がある，有望である
 | ☆ : Look at their bodies! All the opponents look really strong. Do you think Tom **stands a chance** at the state wrestling tournament? | ☆ : 見てよ彼らの身体！ 対戦相手はみんな本当に強そうよ。トムは州のレスリングトーナメントで**勝ち目は**あるかしら？
 | ★ : I doubt it. | ★ : 難しいね。

139 | **be rusty** | 腕がなまっている
 | ☆ : I heard you play the piano. Would you play it for me? | ☆ : ピアノを弾くって聞いたわ。私に聞かせてくださらない？
 | ★ : I'm sorry. **I'm** really **rusty**. | ★ : ごめん。かなり**腕がなまっている**んだ。

140 | **You said it!** | その通りだ！
 | ★ : What a magnificent experience we had during the summer internship! | ★ : サマーインターンシップではなんて素晴らしい経験をしたんだろう！
 | ☆ : **You said it!** | ☆ : その通りね！

Perfect!

10

5

Review Questions — idiom

空所に最も適切な語句，または下線部と同じ意味の語句を，選択肢から選びましょう．

1 How do you account _____ the project failure?
  (A) for   (B) by   (C) at   (D) with

2 Rejected by president, the project had to be reconstructed _____ scratch.
  (A) with   (B) from   (C) at   (D) by

3 It seems that a baby will start crying at _____ .
  (A) no time   (B) every moment
  (C) any moment   (D) time

4 The machine won't _____ quickly if maintained regularly.
  (A) turn away   (B) put off   (C) put on   (D) wear out

5 This solution is made up _____ water and salt.
  (A) with   (B) between   (C) of   (D) for

6 His way of thinking is _____ the times.
  (A) back   (B) over   (C) behind   (D) for

7 Japan can _____ advantage of its maritime location.
  (A) keep   (B) take   (C) make   (D) get

8 After fighting hard, the rebels gave in.
  (A) won   (B) surrendered   (C) dissolved   (D) escaped

9 I'm sorry I forgot to bring back your camera. It slipped my mind.
  (A) I broke it.   (B) I bought it.   (C) I forgot it.   (D) I canceled.

10 Margaret pulled through the hardship she faced.
  (A) got over   (B) pull back   (C) got well   (D) put aside

1 正解 (A)　**075** account for ～「～(の理由)を説明する」(→p. 44)
君は，そのプロジェクトの失敗をどう説明するのだ？

2 正解 (B)　**084** from scratch「ゼロから」(→p. 45)
社長に拒絶され，そのプロジェクトは最初からやり直さなければならなかった。

3 正解 (C)　**091** at any moment「今にも」(→p. 46)
赤ん坊は今にも泣き出しそうだ。
＊(A) は in no time であれば正解です。

4 正解 (D)　**100** wear out ～「～を使い古す」(→p. 47)
その機械は，定期的に整備をすれば急には摩耗しないだろう。
＊(A) turn away は「追い払う，顔を背ける」，(B) put off ～ は「～を延期する」，(C) put on ～ は「～を身につける」などの意味です。

5 正解 (C)　**104** make up ～「～を構成する」(→p. 48)
この溶液は水と塩で構成されている。

6 正解 (C)　**113** behind the times「時代遅れの」(→p. 49)
彼の考え方は，時代遅れだ。

7 正解 (B)　**119** take advantage of ～「～を利用する」(→p. 50)
日本は，その海洋の立地を活用することができる。

8 正解 (B)　**072** give in「降参する」(→p. 44)
懸命に戦った後，反乱者達は降伏をした。
＊(C) dissolve は「解散する」という意味です。

9 正解 (C)　**095** slip one's mind「うっかり忘れる」(→p. 47)
ごめんなさい。君のカメラを持ってくるのを忘れました。うっかり忘れていました。

10 正解 (A)　**103** pull through ～「(困難や病気など)を切り抜ける」(→p. 48)
マーガレットは直面した困難を切り抜けた。
＊「けがなどを乗り切る」という意味では(C)も良さそうに見えますが，(C)は自動詞扱いで目的語を取りません。get well from ならば良いでしょう。

Review Questions

colloquial expression

🅒 **CD 1-23~32**　CDを聞き，各質問の答えとして最も適切なものを選びましょう。

WEEK 2

1 What does the man imply about the woman?
(A) She shouldn't quit her job.
(B) She may go to graduate school.

2 What does the woman say about Bill?
(A) He is an excellent worker.
(B) He is a shoe marketer.

3 What does the man imply?
(A) He is going to buy a car.
(B) He lives far from campus.

4 What does the man mean?
(A) They are going to the concert.
(B) They should be frugal.

5 What does the man mean?
(A) The guest speaker will come soon.
(B) The guest speaker will be absent next week.

6 What does the man mean?
(A) Firefighters went to the bay area.
(B) Firefighters prevented flooding.

7 What does the woman mean?
(A) She will take the exam on behalf of him.
(B) Professor Johnson isn't strict.

8 What does the man mean?
(A) He doesn't think Tom can stand up.
(B) He doesn't think Tom can win.

9 What does the man mean?
(A) He will not play the piano.
(B) His piano needs repairing.

10 What does the woman mean?
(A) She agrees with the man.
(B) She thinks the internship was miserable.

1 正解 (B)

☆ : I really want to go to graduate school.
★ : What would you do with your current job? But, if you have your heart set on it, go for it.
What does the man imply about the woman?
(A) She shouldn't quit her job.
(B) She may go to graduate school.

☆：本当に，大学院に行きたいわ。
★：今の仕事をどうするんだい？ でも，もうそれを心に決めているんだったら，頑張って。
男性は女性について何を示唆していますか。
(A) 彼女は仕事を辞めるべきではない。　(B) 彼女は大学院に行ってもよい。
＊心を決めているなら大学院に行きなさい，と男性は言っています。

2 正解 (A)

★ : Did you hear Bill will leave the company?
☆ : Yeah, the board committee won't be able to find anyone to fill his shoes.
What does the woman say about Bill?
(A) He is an excellent worker.　(B) He is a shoe marketer.

★：ビルが会社を辞めるって聞いたかい？
☆：ええ，役員会では彼の後任を務める人を探せないでしょうね。
女性はビルについて何と言っているのでしょうか。
(A) 彼は素晴らしい従業員だ。　(B) 彼は靴のマーケティング担当者だ。
＊仕事を辞めるビルが優秀なので後がまを探せない，という内容の会話です。

3 正解 (B)

☆ : Having a car would be nice. It takes 50 minutes to get to class.
★ : If only we lived near campus.
What does the man imply?
(A) He is going to buy a car.　(B) He lives far from campus.

☆：車があれば素敵ね。授業に行くのに50分もかかるのよ。
★：キャンパスのそばに住んでさえいたらよかったのになあ。
男性は何を示唆していますか。
(A) 彼は車を買うつもりだ。　(B) 彼はキャンパスから遠くに住んでいる。
＊「キャンパスのそばに住んでさえいたら」ということは，今はそばに住んでいないと分かります。

4 正解 (B)

☆ : What shall we do without money?
★ : You spent so much money on clothing! But, anyway, we have to face the music.
What does the man mean?
(A) They are going to the concert.　(B) They should be frugal.

☆：お金なしでどうしたらいいのかしら？
★：君が服にそんなにお金をかけるからだよ！ でも，ともかく，現実を受け止めなきゃね。
男性は何を言っているのでしょうか。
(A) 彼らはコンサートに行くところだ。　　(B) 彼らは質素にすべきだ。

＊face the music の意味が分からなくても，お金がないのでわざわざコンサートに行くはずはない，と推測して解答しましょう。

---

5 正解 (A)

☆：When will our guest speaker arrive?
★：By and by, he will be here.
What does the man mean?
(A) The guest speaker will come soon.
(B) The guest speaker will be absent next week.

☆：来賓講演者はいつ着くのかしら？
★：間もなくここに到着する予定だ。
男性は何を言っているのでしょうか。
(A) 来賓講演者は間もなく来る。　　(B) 来賓講演者は来週は休みだ。

＊by and by は「間もなく」という意味です。(B)の「休む」という内容は会話文中にありません。

---

6 正解 (B)

☆：I'm relieved that the heavy rain dwindled.
★：Luckily, firefighters could keep the flood at bay.
What does the man mean?
(A) Firefighters went to the bay area.　　(B) Firefighters prevented flooding.

☆：豪雨が収まってほっとしたわ。
★：幸いなことに，消防士が洪水を食い止めることができたね。
男性は何を言っているのでしょうか。
(A) 消防士は湾岸地域に行った。　　(B) 消防士は洪水を防いだ。

＊男性の flood「洪水」がキーワードです。消防士が洪水を防いだのです。

---

7 正解 (B)

★：Hi, Janet. I'm thinking of dropping Chem 102. I'm worried about the mid-term exam.
☆：If I were you, I wouldn't even think of it. Professor Johnson is easy on everyone.
What does the woman mean?
(A) She will take the exam on behalf of him.
(B) Professor Johnson isn't strict.

★：やあ，ジャネット。実は化学102のクラスを辞めようかと思っているんだ。中間試験が心配でさ。
☆：私ならばそんなことは考えさえもしないわ。ジョンソン教授は厳しくないわよ。
女性は何を示唆していますか。
(A) 彼女は男性の代わりに受験する。　　(B) ジョンソン教授は厳しくない。

＊女性の発言にある easy on everyone から，教授は厳しくないことが分かります。

8 正解 (B)

☆ : Look at their bodies! All the opponents look really strong. Do you think Tom stands a chance at the state wrestling tournament?
★ : I doubt it.
What does the man mean?
(A) He doesn't think Tom can stand up.　(B) He doesn't think Tom can win.

> ☆：見てよ彼らの身体！ 対戦相手はみんな本当に強そうよ。トムは州のレスリングトーナメントで勝ち目はあるかしら？
> ★：難しいね。
> 男性は何を言っているのでしょうか。
> (A) 彼はトムが立てると思わない。　(B) 彼はトムが勝てると思わない。
> ＊stand a chance は「勝ち目がある」という意味です。立ち上がることではありません。

---

9 正解 (A)

☆ : I heard you play the piano. Would you play it for me?
★ : I'm sorry. I'm really rusty.
What does the man mean?
(A) He will not play the piano.　(B) His piano needs repairing.

> ☆：ピアノを弾くって聞いたわ。私に聞かせてくださらない？
> ★：ごめん。かなり腕がなまっているんだ。
> 男性は何を言っているのでしょうか。
> (A) 彼はピアノを弾かないだろう。　(B) 彼のピアノは修理が必要だ。
> ＊男性は I'm sorry. と答えてから腕がなまっていると言っているので正解は(A)。rusty「さび付いた」から，ピアノを直すことと勘違いしないようにしましょう。

---

10 正解 (A)

★ : What a magnificent experience we had during the summer internship!
☆ : You said it!
What does the woman mean?
(A) She agrees with the man.
(B) She thinks the internship was miserable.

> ★：サマーインターンシップではなんて素晴らしい経験をしたんだろう！
> ☆：その通りね！
> 女性は何を示唆していますか。
> (A) 彼女は男性の意見に賛成している。
> (B) 彼女はインターンシップは悲惨だったと思っている。
> ＊You said it! というフレーズを知らないと間違ってしまうかもしれませんね。覚えておきましょう。

3週目 1日 CD 1-33　idiom

141　look through ～　～にざっと目を通す
- Professor White **looked through** all the papers and sighed.
- ホワイト教授は全ての論文にざっと目を通して，ため息をついた。
- 同 look over ～

142　let ～ off　(車などから人)を降ろす，～を許す
- Would you please **let** my grandmother **off** at Central Station?
- セントラル・ステーションで私の祖母を降ろしてくれませんか。
- The administrator **let** three examinees **off** with a warning.
- 試験監督者は，警告をして3名の受験者を許した。

143　stand up for ～　～の味方をする
- A mother will usually **stand up for** her children.
- 母親は，たいてい自分の子供の味方をするものだ。
- 同 support

144　hand out ～　～を配布する
- Will you **hand out** these textbooks to the students?
- 生徒にこのテキストを配布してくれませんか。

145　learn ～ by heart　～を暗記する
- Please try to **learn** these idioms **by heart**.
- これらの熟語を暗記してください。

146　deprive A of B　AからBを奪う
- The new government **deprived** its people **of** freedom of speech.
- 新政府は国民から言論の自由を奪った。

147　in a row　連続して
- Can you believe it? Tom had to hand in three papers **in a row** last month!
- 信じられますか？ 先月，トムはレポートを3つ連続して提出しなければならなかったのですよ！

148　come face to face with ～　～と差し向かいになる，(危険など)に直面する
- The troops **came face to face with** their enemies.
- 軍隊は敵と差し向かいになった。
- The rangers often **come face to face with** severe thunderstorms.
- 森林警備隊員は，しばしば激しい雷雨に直面する。

545 — more to go!

#	見出し	意味
149	**turn off ~**	(電気など)を消す
	■ Please <u>turn off</u> all the lights when you leave.	■ 帰るときは全ての電気を消してください。
		＊火事などの「(火)を消す」は put out ~。
150	**be fit for ~**	~に適している
	■ The new space observatory <u>is fit for</u> tracking the solar wind.	■ その新しい宇宙観測所は，太陽風を観測するのに適している。
151	**as far as ~**	~の限り
	■ He is a superb instructor <u>as far as</u> I know.	■ 私の知る限り，彼は有能な講師だ。
152	**go with ~**	(服やネクタイなど)に合う
	■ This shirt <u>goes with</u> your suit.	■ このシャツはあなたのスーツに合う。
		同 match
153	**break out**	(伝染病などが)発生する，勃発する，突然始まる
	■ A strange epidemic <u>broke out</u>.	■ 奇妙な伝染病が発生した。
		＊breakout は名詞で「強行突破，脱走」などの意味。
154	**bring about ~**	~を引き起こす
	■ The floods were <u>brought about</u> by Typhoon 11.	■ 台風11号により洪水が引き起こされた。
		＊受け身で用いられることも多い。
155	**on the nose**	きっかりに，正確に
	■ She arrived here at seven o'clock <u>on the nose</u>.	■ 彼女は7時きっかりに，ここに着いた。

Review ①~に影響を及ぼす(120) ②~に目を通す(123) ③未定で(124) ④BについてAに感謝している(121) ⑤不可能でないにしても(127) ⑥~を失望させる(116) ⑦~の目をちゃんと見る(129) ⑧~するだけの元気があると思う(126) ⑨気分転換に(122) ⑩~を利用する(119) ⑪~に貢献する(128) ⑫~を専攻する(130) ⑬~を倒す(118) ⑭~を他に明かさない(125) ⑮~に由来する(117)

3週目 2日 CD 1-34　idiom

156 ☐	**in comparison with ～** ■ The market share of A Company is small **in comparison with** B Company's.	～と比べて ■ A社のマーケットシェアはB社のシェアと比べて小さい。
157 ☐	**bump into ～** ■ I **bumped into** Jim in the co-op.	～と偶然に出会う ■ 生協でジムと偶然に出会った。 同 meet ～ by chance, run into ～
158 ☐	**put ～ into action [effect, practice]** ■ Now it's time to **put** our plan **into action**.	～を実行する，～を実施する ■ さあ，私たちの計画を実行する時がきた。
159 ☐	**differ from ～** ■ The new treatment **differs from** the old one.	～と異なる ■ 新しい治療法は以前のものと異なる。
160 ☐	**in between** ■ There are two major universities, and **in between** is a river. ■ Some people are liberal and others very conservative, but most fall **in between**.	間に，中間に[で] ■ そこには2つの有名な大学があり，その間には川が流れている。 ■ 自由主義的な人もいれば，とても保守的な人もいる。しかし，ほとんどの人はその中間に収まる。
161 ☐	**be capable of ～** ■ Sam **is capable of** handling this problem.	～する能力がある ■ サムはこの問題に対処する能力がある。 反 be incapable of ～
162 ☐	**run for ～** ■ Johnson will **run for** President in the coming election.	～に立候補する ■ ジョンソンは次の選挙で大統領に立候補するでしょう。
163 ☐	**run after ～** ■ A good manager should not **run after** short-term profit.	～を追いかける ■ 良い経営者は，目先の利益を追いかけるべきではない。

530 — more to go!

164 | call for ~ | ~を必要とする，~を予報する
- The experiment **called for** the use of another kind of material.
  - その実験は，ほかの素材を使うことを**必要と**した。
- The weather forecast **calls for** heavy rain.
  - 天気予報では，激しい雨を**予測している**。
- 同 demand

165 | have good reason to *do* | ~するのももっともだ
- She **had good reason to** decline the reward.
  - 彼女が褒賞を辞退するのももっともだった。

166 | on the spot | その場所に，即座に
- There's a monument now **on the spot** where the Twin Towers used to be.
  - かつてツインタワー(世界貿易センター)があったその場所に，今は記念碑が建てられている。
- The chief librarian decided to hire Kelly **on the spot**.
  - 図書館長は**即座に**ケリーを雇うことに決めた。
- ＊on-the-spot は形容詞として「現場での，即座の」

167 | and so on [forth] | ~など
- There are many subjects you have to take: math, economics, accounting **and so on**.
  - 君が受講しなければならない科目はたくさんある。数学，経済学，会計学**など**だ。
- ＊and の前ではカンマは付けても付けなくてもよい。

168 | know better than to *do* | ~するほど愚かでない
- You should **know better than to** do such things.
  - 君はそんなことをするほど愚かではないはずだ。
- ＊know better は「もっと思慮分別がある」の意味になる。

169 | set off | 出発する
- Terry **set off** for the overseas vocational training program early in the morning.
  - テリーは朝早くに，海外での職業訓練プログラムに参加するため**出発した**。
- 同 depart

170 | shoulder to shoulder | 一致団結して，肩を並べて
- Let's stand **shoulder to shoulder** and fight against the oppression.
  - 一致団結して弾圧と戦おう。
- They walked along the river **shoulder to shoulder**.
  - 彼らは**肩を並べて**，川沿いを歩いた。

Review ①~と差し向かいになる(148) ②(車などから人)を降ろす(142) ③~を引き起こす(154) ④~にざっと目を通す(141) ⑤AからBを奪う(146) ⑥~の味方をする(143) ⑦~を暗記する(145) ⑧連続して(147) ⑨(電気など)を消す(149) ⑩~の限り(151) ⑪(服やネクタイなど)に合う(152) ⑫~に適している(150) ⑬~を配布する(144) ⑭きっかりに(155) ⑮(伝染病などが)発生する(153)

3週目 3日 CD 1-35 idiom

171 at best — せいぜい，よくて
- My brother is not a fast runner. He will place third in the race **at best**.
- 弟は足が速くない。競走ではせいぜい3位だろう。
- * at *one's* best は「最も良い状態で，(花などが)盛りで」。

172 be true of ～ — ～にも当てはまる
- Don't criticize her so much. The same **is true of** you.
- 彼女をそんなに批判するな。同じことが君にも当てはまるのだから。

173 (The) chances are (that) ～ — たぶん～だろう
- I cannot understand the result of his new experiment. **The chances are that** he used faulty data.
- 彼の新しい実験の結果を理解できない。たぶん彼は誤ったデータを用いたのだろう。

174 but for ～ — ～がなければ
- **But for** your help, I couldn't have passed the exam.
- 君の助けがなかったら，その試験に合格していなかっただろう。
- * 仮定法で用いる。

175 result from ～ — ～の結果として生じる
- The recession **resulted from** the hike in the interest rate.
- 不況は金利上昇の結果として生じた。

176 as if ～ — まるで～のように
- When everyone in the class forgot the assignment, the professor scolded us **as if** we were children.
- クラスの全員が宿題を忘れた時，教授は私たちをまるで子供のようにしかりつけた。
- * 仮定法で用いる場合，be動詞は主語が単数でも were になる。ただし，口語では was も使われる。

177 have nothing to do with ～ — ～と何の関係もない
- What I did **had nothing to do with** the explosion in the laboratory.
- 私がやったことは研究室の爆発と何の関係もなかった。
- 反 have something to do with ～「～と多少の関係がある」

178 get lost — 理解できない，(道などに)迷う
- Professor Henry used so many metaphors that I **got lost** during his class.
- ヘンリー教授があまりにも比喩を使うので，私は授業中に理解できなかった。

515 — more to go!

179	**be content with ～**	～に満足している
	■ I'm content with my grades.	■ 私は自分の成績に満足している。

180	**result in ～**	～に終わる，～という結果になる
	■ The project resulted in failure.	■ そのプロジェクトは失敗に終わった。

181	**be worthy of ～**	～に値する
	■ Her bronze medal was worthy of admiration.	■ 彼女の銅メダルは賞賛に値した。

182	**kill time**	暇をつぶす
	■ What nasty weather! We cannot go out. How can we kill time?	■ なんて嫌な天気なんだ！ 外に出かけられない。どうやって暇をつぶせばいいんだ？

183	**put aside ～**	～を蓄える
	■ She regularly puts aside some money for her elderly parents.	■ 彼女は年老いた両親のために，定期的にお金を蓄えている。 同 set aside ～, lay aside ～

184	**be open to ～**	～に開放されている，～の影響を受けやすい
	■ The computer room is open to us all day long. ■ Some children are open to what others suggest.	■ コンピューター室は一日中私たちに開放されている。 ■ ほかの人の言うことに影響を受けやすい子供もいる。

185	**do away with ～**	～を廃止する
	■ The new Cabinet is trying to do away with several regulations.	■ 新しい内閣は，いくつかの規制を廃止しようと努めている。

Review ①間に(160) ②～など(167) ③～を実行する(158) ④～を必要とする(164) ⑤～と異なる(159) ⑥～を追いかける(163) ⑦出発する(169) ⑧一致団結して(170) ⑨その場所に(166) ⑩～するほど愚かでない(168) ⑪～する能力がある(161) ⑫～と偶然に出会う(157) ⑬～に立候補する(162) ⑭～と比べて(156) ⑮～するのももっともだ(165)

3週目 4日 CD 1-36 idiom

186	**hit a nerve**	痛いところを突く，心を傷つける
	■ Many critics **hit a nerve** with the film director.	■ 多くの評論家はその映画監督の**痛いところを突いた**。 同 criticize
187	**turn out ～**	（結果として）～になる，～を生産する
	■ The play **turned out** to be a great success. ■ The new plant can **turn out** 10,000 TV sets a month.	■ その舞台は結果的に大成功**となった**。 ■ 新しい工場は1カ月当たり1万台のテレビを**生産する**ことができる。
188	**lag behind (～)**	（～に）遅れをとる
	■ I don't think we **lag behind** other Asian nations in terms of technology.	■ 我が国が技術においてほかのアジア諸国に**遅れをとっている**とは思えない。 同 fall back, fall behind
189	**call up ～**	～に電話をかける
	■ She will **call** me **up** tonight.	■ 彼女は今夜，私に**電話をかけて**くるだろう。
190	**in the first place**	まず第一に
	■ **In the first place**, all freshmen must attend the orientation.	■ **まず第一に**，新入生は全員オリエンテーションに参加しなければならない。
191	**up to ～**	～まで
	■ Please read the textbook **up to** page 31.	■ 31ページ**まで**テキストを読んでください。
192	**come to**	意識を取り戻す，正気に戻る
	■ I was hit on the head, but I **came to** after a few seconds.	■ 私は頭を打ったが，すぐに**意識を取り戻した**。
193	**be on good terms with ～**	～と仲が良い
	■ Tim has **been on good terms with** his roommate since their college days.	■ ティムは，学生時代からルームメートと**仲が良い**。 反 be on bad terms with ～

500 — more to go!

194 be short of ～ — (目標)に達しない，～が不足している
- This year's sales <u>were short of</u> the projections.
  — 今年の売上高は予測に達しなかった。
- We <u>are short of</u> an adequate supply of foodstuffs this year.
  — 今年は食料品の十分な供給が不足している。

195 be fed up with ～ — ～にうんざりしている
- I'<u>m fed up with</u> her complaints.
  — 彼女の愚痴にはうんざりだ。

196 in terms of ～ — ～の観点から
- The work is not very profitable <u>in terms of</u> cash.
  — その仕事はお金の観点から言えば，それほどもうからない。

197 run short (of ～) — (～が)不足する
- Because of the blockade of the port, the colonists <u>ran short of</u> food.
  — 港の封鎖により，入植者たちは食糧が不足した。

198 turn up — 姿を現す，見つかる，出てくる
- Ken finally <u>turned up</u> at the party.
  — ケンはパーティーにやっと姿を現した。
- Don't worry, a job offer is sure to <u>turn up</u>.
  — 心配しないで，働き口はきっと見つかるよ。

199 do *one's* best — 最善を尽くす
- You should <u>do your best</u> when needed.
  — 必要なときには最善を尽くさなければならない。

200 be convinced of ～ — ～を確信している
- Kim <u>was convinced of</u> our victory in the basketball tournament.
  — キムはバスケのトーナメントで私たちが勝利することを確信していた。

Review　①まるで～のように(176)　②～にも当てはまる(172)　③～に満足している(179)　④暇をつぶす(182)　⑤せいぜい(171)　⑥～に開放されている(184)　⑦たぶん～だろう(173)　⑧～がなければ(174)　⑨～に終わる(180)　⑩～の結果として生じる(175)　⑪理解できない(178)　⑫～を蓄える(183)　⑬～を廃止する(185)　⑭～に値する(181)　⑮～と何の関係もない(177)

3週目 5日 CD 1-37　　colloquial expression

201 get a hold of ～
★: What happened? My car won't start.
☆: You should **get a hold of** the service center.

～と連絡を取る
★: どうしたんだ？ 車が動かないぞ。
☆: サービスセンターに連絡を取るべきね。

202 by any chance
☆: Hi, Bill. I have to pay for my lab fee. Do you have 200 dollars **by any chance**?
★: No way. I've never seen even 50 bucks in my wallet!

ひょっとして，もしかして
☆: ねえ，ビル。実験実習費を払わなければならないの。ひょっとして200ドル持っていたりしない？
★: 冗談言うなよ。僕は財布の中に50ドルすら入っていたことがないんだ！

203 be full of hot air
★: The Diet is now trying to pass new laws to save the turbulent financial market, but I think they **are full of hot air**.
☆: Please don't say that. They are doing their best.

ナンセンスなことばかり言う
★: 国会じゃメチャクチャになっている金融市場を建て直そうと新しい法案を可決しようとしているけど，ナンセンスなことばかり言っているよね。
☆: そんなこと言っちゃ駄目よ。みんな一生懸命なのよ。

204 get under *one's* skin
★: I heard Jim is going to leave.
☆: I know. He **got under the manager's skin**.

～を怒らせる
★: ジムが辞めるって聞いたけど。
☆: 知っているわ。部長を怒らせたのよ。

205 I wish I could.
★: Jane, would you come to the party tonight?
☆: **I wish I could.**

そうしたいのだけれど（できない）。
★: ジェーン，今夜パーティーに来るかい？
☆: そうしたいのだけれど。

490 more to go!

206	**cut loose** ☆: Do you think our basketball team will win? ★: Look at them. There's no teamwork. The manager let them **cut loose**.	勝手気ままにする，自由の身になる ☆：私たちのバスケットボールチームが勝つと思う？ ★：彼らを見てごらんよ。チームワークがなっていない。監督が**勝手気ままにさせている**んだ。
207	**run late** ★: Let's go to the park after class. It's such a beautiful day. ☆: Great! I'd love to, but my lab usually **runs late**.	遅くまでかかる ★：授業が終わったら公園に行こうよ。とても素晴らしい天気だよ。 ☆：わあ！ 行きたいわ。でも実験がいつも**遅くまでかかる**の。
208	**put ～ up** ★: I'm going to D.C. tomorrow. Do you know anyone who can **put** me **up**? ☆: My cousin, Kate, lives in a large apartment there.	～を泊める ★：明日，（ワシントン）DCに行くんだ。誰か僕を**泊めて**くれる人を知らないかい？ ☆：いとこのケイトがそこで広いアパートに住んでいるわ。
209	**throw *one's* weight around** ★: Do you like your new manager? ☆: Ah, he is just **throwing his weight around**.	威張りちらす，権力を笠に着る ★：新しい部長をどう思う？ ☆：まあ，**威張りちらしている**だけね。
210	**keep tabs on ～** ★: Something is wrong with our database. ☆: Let's **keep tabs on** access anomalies.	～に注意を払う，～を監視する ★：データベースが何かおかしいな。 ☆：アクセスの異常に**注意を払い**ましょう。

Perfect!

10
5

Review Questions   idiom

1 Did you learn this score _____ heart?
(A) on   (B) through   (C) by   (D) at

2 Please don't _____ the heater. I feel cold.
(A) turn out   (B) turn to   (C) turn over   (D) turn off

3 _____ I know, Jane is the best student.
(A) As long as   (B) As far as   (C) As much as   (D) As for

4 Steve will run _____ the committee chairperson.
(A) about   (B) for   (C) along   (D) up to

5 They decided to buy an expensive jewelry _____ the spot.
(A) by   (B) at   (C) in   (D) on

6 _____ Susan will be elected chairperson.
(A) A chance is that   (B) Chances that
(C) Chances are that   (D) Chances get that

7 Tom's party _____ lost on the mountain trail and they had to stay at the lodge.
(A) took   (B) got   (C) moved   (D) turned

8 Tom bumped into his classmate at the shopping center.
(A) ran into   (B) crashed
(C) quarreled with   (D) talked to

9 The 2020 Tokyo Olympic Games will call for the newest transportation system.
(A) require   (B) use   (C) exploit   (D) hasten

10 We are content with new uniforms.
(A) are satisfied with   (B) need
(C) are informed about   (D) discuss

1 正解 (C) **145** learn ~ by heart「~を暗記する」(→p. 60)
君はこの楽譜を暗記したの？

2 正解 (D) **149** turn off ~「（電気など）を消す」(→p. 61)
暖房を切らないで。寒いわ。
* (A) turn out ~ は「~を追い出す，ひっくり返す」，(B) turn to ~ は「（仕事など）を始める」，(C) turn over ~ は「~をひっくり返す」などの意味があります。

3 正解 (B) **151** as far as ~「~の限り」(→p. 61)
僕が知る限りだと，ジェーンが最高の生徒だ。
* (A) as long as ~ も「~する限り」という意味ですが，You can stay here, as long as you pay the rent.「家賃を支払う限りここにいてよい」というように「条件を満たせば」という文脈で用います。

4 正解 (B) **162** run for ~「~に立候補する」(→p. 62)
スティーブは委員会の委員長に立候補する予定だ。

5 正解 (D) **166** on the spot「即座に」(→p. 63)
彼らは，即座に高い宝石を買うことを決めた。

6 正解 (C) **173** (The) chances are (that) ~「たぶん~だろう」(→p. 64)
スーザンは，おそらく委員長に選ばれるだろう。

7 正解 (B) **178** get lost「道に迷う」(→p. 64)
トムの一行は，山道で迷い，ロッジに留まらなければならなかった。

8 正解 (A) **157** bump into ~「~と偶然出会う」(→p. 62)
トムはショッピングセンターでクラスメートと偶然出会った。
* (C) quarrel with ~ は「~と口論をする」という意味です。

9 正解 (A) **164** call for ~「~を必要とする」(→p. 63)
2020年東京オリンピックは，最新の輸送システムを必要とするだろう。
* (C) exploit は「~を活用する」という意味です。

10 正解 (A) **179** be content with ~「~に満足している」(→p. 65)
私たちは，新しい制服に満足している。
* (C) be informed about ~ は「~について知らされている」という意味です。

Review Questions

colloquial expression

🎧 **CD 1-38~47**　CDを聞き，各質問の答えとして最も適切なものを選びましょう。

1 What does the woman mean?
(A) The man needs to repair his car.
(B) The man should call the service center.

2 What does the man imply?
(A) He is broke.
(B) He doesn't have enough money.

3 What does the woman mean?
(A) The Diet members are talkative.
(B) The Diet members are working hard.

4 What does the woman say about Jim?
(A) He needs to see a dermatologist.
(B) His manager got angry with him.

5 What does the woman mean?
(A) She will attend the party.
(B) She won't be able to attend the party.

6 What does the man mean?
(A) Their team manager is ineffective.
(B) Their team has good team work.

7 What does the woman imply?
(A) She no longer attends the lab.
(B) She may not be able to go to the park.

8 What does the woman imply?
(A) Her cousin will let the man stay.
(B) She is going to meet her cousin.

9 What does the woman mean?
(A) The manager is very heavy.
(B) The manager is not friendly.

10 What does the woman mean?
(A) They have to watch database anomalies carefully.
(B) They cannot push the tab key.

WEEK 3

1 正解 (B)

★：What happened? My car won't start.
☆：You should get a hold of the service center.
What does the woman mean?
(A) The man needs to repair his car.　(B) The man should call the service center.

　★：どうしたんだ？　車が動かないぞ。
　☆：サービスセンターに連絡を取るべきね。
　女性は何を言っているのでしょうか。
　(A) 男性は車を直す必要がある。　(B) 男性はサービスセンターに電話した方がいい。
　＊get a hold of a service centerで「サービスセンターに連絡を取る」という意味です。

2 正解 (B)

☆：Hi, Bill. I have to pay for my lab fee. Do you have 200 dollars by any chance?
★：No way. I've never seen even 50 bucks in my wallet!
What does the man imply?
(A) He is broke.　(B) He doesn't have enough money.

　☆：ねえ、ビル。実験実習費を払わなければならないの。ひょっとして200ドル持っていたりしない？
　★：冗談言うなよ。僕は財布の中に50ドルすら入っていたことがないんだ！
　男性は何を示唆していますか。
　(A) 彼は文無しである。　(B) 彼は十分なお金を持っていない。
　＊実際には50ドルを見たことはあるはずですが「200ドルなんて大金, 持っていない」という内容の比喩として男性は話しています。

3 正解 (B)

★：The Diet is now trying to pass new laws to save the turbulent financial market, but I think they are full of hot air.
☆：Please don't say that. They are doing their best.
What does the woman mean?
(A) The Diet members are talkative.　(B) The Diet members are working hard.

　★：国会じゃメチャクチャになっている金融市場を建て直そうと新しい法案を可決しようとしているけど, ナンセンスなことばかり言っているよね。
　☆：そんなこと言っちゃ駄目よ。みんな一生懸命なのよ。
　女性は何を言っているのでしょうか。
　(A) 国会議員はおしゃべりだ。　(B) 国会議員は一生懸命に働いている。
　＊女性のThey are doing their best.から(B)が正解です。

4 正解 (B)

★：I heard Jim is going to leave.
☆：I know. He got under the manager's skin.
What does the woman say about Jim?
(A) He needs to see a dermatologist.　(B) His manager got angry with him.

73

★：ジムが辞めるって聞いたけど。
☆：知っているわ。部長を怒らせたのよ。
女性はジムについて何と言っているのでしょうか。
(A) 彼は皮膚科を受診しなければいけない。　(B) 部長は彼に腹を立てた。
　＊dermatologist「皮膚科専門医」という単語が分かる方は語彙力が高いと思いますが，この問題には無関係です。

---

5 正解 (B)

★：Jane, would you come to the party tonight?
☆：I wish I could.
What does the woman mean?
(A) She will attend the party.　　　(B) She won't be able to attend the party.

★：ジェーン，今夜パーティーに来るかい？
☆：そうしたいのだけれど。
女性は何を言っているのでしょうか。
(A) 彼女はパーティーに参加する。　(B) 彼女はパーティーに参加できない。
　＊I wish I could. は仮定法過去として考えましょう。現実には無理な状況を表します。

---

6 正解 (A)

☆：Do you think our basketball team will win?
★：Look at them. There's no team-work. The manager let them cut loose.
What does the man mean?
(A) Their team manager is ineffective.　(B) Their team has good team work.

☆：私たちのバスケットボールチームが勝つと思う？
★：彼らを見てごらんよ。チームワークがなっていない。監督が勝手気ままにさせているんだ。
男性は何を言っているのでしょうか。
(A) 彼らのチームの監督は無能だ。　(B) 彼らのチームはチームワークが優れている。
　＊男性が no team work と言っているので，(B)は選択できません。

---

7 正解 (B)

★：Let's go to the park after class. It's such a beautiful day.
☆：Great! I'd love to, but my lab usually runs late.
What does the woman imply?
(A) She no longer attends the lab.　(B) She may not be able to go to the park.

★：授業が終わったら公園に行こうよ。とても素晴らしい天気だよ。
☆：わあ！ 行きたいわ。でも実験がいつも遅くまでかかるの。
女性は何を示唆していますか。
(A) 彼女はもはや実験に出席していない。
(B) 彼女は公園に行けないかもしれない。
　＊実験の時間が延びる可能性があるので，女性は公園に行けないかもしれません。

8 正解 (A)

★ : I'm going to D.C. tomorrow. Do you know anyone who can put me up?
☆ : My cousin, Kate, lives in a large apartment there.
What does the woman imply?
(A) Her cousin will let the man stay.　　(B) She is going to meet her cousin.

★ : 明日，（ワシントン）DCに行くんだ。誰か僕を泊めてくれる人を知らないかい？
☆ : いとこのケイトがそこで広いアパートに住んでいるわ。
女性は何を示唆していますか。
(A) 彼女のいとこは男性を泊めるだろう。　　(B) 彼女はいとこに会いに行くつもりだ。
＊泊めてくれる人を探しているという男性に対して，いとこが広いアパートに住んでいる，と女性は言っているので，いとこは彼を泊めることができると考えられます。

9 正解 (B)

★ : Do you like your new manager?
☆ : Ah, he is just throwing his weight around.
What does the woman mean?
(A) The manager is very heavy.　　(B) The manager is not friendly.

★ : 新しい部長をどう思う？
☆ : まあ，威張りちらしているだけね。
女性は何を言っているのでしょうか。
(A) 部長は（体重が）とても重い。　　(B) 部長は友好的でない。
＊throw one's weight around で「威張りちらす」という意味なので，部長は friendly ではないと言えます。

10 正解 (A)

★ : Something is wrong with our database.
☆ : Let's keep tabs on access anomalies.
What does the woman mean?
(A) They have to watch database anomalies carefully.
(B) They cannot push the tab key.

★ : データベースが何かおかしいな。
☆ : アクセスの異常に注意を払いましょう。
女性は何を言っているのでしょうか。
(A) 彼らはデータベースの異常を注意深く監視するべきだ。
(B) 彼らはタブキーを押せない（タブキーが壊れている）。
＊tabs から (B) の tab key に引っかからないようにしましょう。データベースの話で，個別のパソコンの話ではありません。

4週目 1日 CD 1-48　idiom

211　manage to *do*
- He finally **managed to** finish the paper.

何とか～する
- 彼はレポートをやっと**何とか**終わらせた。

212　up to date
- They bought an **up to date** business computer.

最新式の
- 彼らは**最新式**の業務用コンピューターを買った。
- 反 out of date

213　poke fun at ～
- At first, everybody **poked fun at** Jim's invention. A few years later, he sold millions of them and became rich.

～をからかう
- 最初は，誰もがジムの発明品をからかった。数年後，彼はそれらを何百万個も売り，裕福になった。
- 同 make fun of ～

214　go Dutch
- Let's **go Dutch**. We'll pay 10 dollars each. All right?

割り勘にする
- **割り勘**にしよう。10ドルずつ払うよ。それでいいかい？

215　cast aside ～
- Your friends from school will help you in the future. You should never **cast aside** your friends.

（友達など）と関係を絶つ，～を見捨てる
- 学校時代の友達は将来，君の助けとなるだろう。絶対に友達との関係を絶つべきではない。

216　before long
- Kate will show up **before long**.

間もなく
- ケイトは間もなく来るよ。
- 同 soon

217　count on ～
- Don't **count on** me anymore! You should do things by yourself from now on.

～を頼る，～を当てにする
- これ以上私を頼るな！ 今後は自分でやるべきだ。

218　give way to ～
- Tom **gave way to** temptation.
- Movie theaters have **given way to** new media.

～に負ける，～に譲歩する，～に取って代わられる
- トムは誘惑に負けた。
- 映画館は新しいメディアに取って代わられた。

475 more to go!

219	**for the time being**	当分の間(は)	
	■ Please do not talk about the new findings **for the time being**.	■ 当分の間，その新発見については口外しないでください。	
220	**cooperate with ～**	～と協力する	
	■ The government **cooperated with** its neighboring countries to fight the epidemic.	■ 政府は伝染病と闘うべく近隣諸国と協力した。	
221	**take part in ～**	～に参加する	
	■ Volunteers have **taken part in** clearing up the oil spill.	■ ボランティアたちは流出した原油を除去する作業に参加している。	
222	**brush up ～**	～をやり直して磨きをかける	
	■ I need to **brush up** my conversational English ability.	■ 私は英会話能力に磨きをかける必要がある。	
223	**hit on [upon] ～**	～をふと思いつく	
	■ I **hit on** a solution to our scheduling problem.	■ 私は，スケジュールに関する問題の解決方法をふと思いついた。	
224	**in general**	一般的に，普通は	
	■ **In general**, the gravity at high altitudes is lower than that on land.	■ 一般的に，高地の重力は地上より小さい。 同 on the whole, by and large	
225	**fight against ～**	～と戦う	
	■ The colonists **fought against** British oppression.	■ 入植者たちは英国の抑圧と戦った。	

Review ①～と仲が良い(193) ②～を確信している(200) ③(～に)遅れをとる(188) ④～にうんざりしている(195) ⑤～の観点から(196) ⑥(目標)に達しない(194) ⑦～に電話をかける(189) ⑧まず第一に(190) ⑨～まで(191) ⑩姿を現す(198) ⑪痛いところを突く(186) ⑫(結果として)～になる(187) ⑬(～が)不足する(197) ⑭最善を尽くす(199) ⑮意識を取り戻す(192)

4週目 2日 CD 1-49 idiom

226	**get back at ～** ■ There was no direct way of **getting back at** Parliament. All the colonists could do was just to throw away all the tea.	～に仕返しをする ■ (英国)議会に仕返しをする直接的な方法はなかった。入植者たちにできることは、全ての紅茶を投げ捨てることだけだった。
227	**tell on ～** ■ Working late **tells on** my health. ■ You'd better **tell on** him when the teacher comes back.	(体)にこたえる、～のことを告げ口する ■ 遅くまで働くのは体にこたえる。 ■ 先生が戻ったら彼のことを言いつけるべきだ。
228	**be reduced to rubble** ■ The building **was reduced to rubble**.	がれきとなる ■ そのビルがれきとなった。
229	**be apt to** *do* ■ People **are apt to** believe the news without question. ■ The weather here **is apt to** change at a moment's notice.	～しがちである、～する傾向がある ■ 人はニュースを疑問も持たずに信じがちだ。 ■ ここの気候は、あっという間に変わる**傾向**がある。 同 tend to *do*
230	**come up with ～** ■ Mary **came up with** an excellent idea. ■ How do you plan to **come up with** the cash to pay for this?	～を思いつく、(必要なもの)を生み出す ■ メアリーは素晴らしい考えを思いついた。 ■ どうやってこれの支払いに必要なお金を作るつもり？
231	**stop ～ from** *doing* ■ You should **stop** her **from** applying for the job. She's not qualified.	～に…するのをやめさせる ■ 君は、彼女にその仕事に応募するのをやめさせるべきだ。彼女は適任ではない。 同 prevent ～ from *doing*
232	**in spite of ～** ■ **In spite of** his continuous studying, he failed the exam.	～にもかかわらず ■ 継続的な勉強にもかかわらず、彼は試験に失敗した。 ＊ instead of ～は「～の代わりに」。
233	**turn on ～** ■ Please **turn on** the lights.	(電気など)をつける ■ 明かりをつけてください。

460 — more to go!

234 do *one's* part
役目を果たす，本分を尽くす
- Students should **do their part** to keep their school clean.
  - 学生は学校をきれいにしておくという**役目を果たさ**なければならない。

235 be subject to ～
～する可能性がある，～(の影響)を受けやすい，～を必要とする
- The rate for student loans **is subject to** change without notice.
  - 学生ローンの利率は，予告なしに変更される**ことがあります**。
- This amendment **is subject to** approval by the Diet.
  - この(法律などの)改正は国会の承認**を必要とします**。

236 stand for ～
～を表す，～を我慢する
- "VIP" **stands for** "Very Important Person."
  - VIPは，Very Important Person(要人)を**表す**。
- The teacher refused to **stand for** the student's bad behavior.
  - 教師は生徒の素行不良**を我慢**しようとしなかった。

237 look back on [upon] ～
～を追想する，～を振り返る
- Jane often seems to **look back on** her happy childhood.
  - ジェーンはしばしば，幸せだった幼少期**を追想**しているようだ。

238 catch on to ～
～を理解する
- I couldn't **catch on to** what Professor Kent was talking about.
  - 私はケント教授の話**を理解する**ことができなかった。

239 go off
(ガスや電気が)突然止まる，(目覚まし時計などが)突然鳴りだす
- I can't see anything. The lights **went off**.
  - 何も見えない。電気が消えたんだ。
- Sorry, I couldn't wake up even though three alarm clocks **went off**.
  - ごめんなさい。目覚まし時計3つが**鳴ったん**だけれど，起きられませんでした。

240 set forth ～
～を説明する，～を概説する
- Prime Minister Saito **set forth** the plan for economic reforms.
  - 斉藤総理は経済改革の計画**を説明した**。
- 同 outline

Review　①(友達など)と関係を絶つ(215)　②一般的に(224)　③最新式の(212)　④何とか～する(211)　⑤～をからかう(213)　⑥～をやり直して磨きをかける(222)　⑦当分の間(は)(219)　⑧～をふと思いつく(223)　⑨間もなく(216)　⑩割り勘にする(214)　⑪～と戦う(225)　⑫～に負ける(218)　⑬～に頼る(217)　⑭～に参加する(221)　⑮～と協力する(220)

#	Idiom	Example	Meaning
241	**lay an egg [eggs]**	Frogs begin to <u>lay eggs</u> in early spring.	卵を産む ■ カエルは早春に卵を産み始める。
242	**be incapable of** *doing*	I'<u>m incapable of</u> handling this machine.	～できない ■ 私はこの機械を操作できない。 反 be capable of *doing*, be able to *do*
243	**pick up ～**	Professor Kent <u>picked up</u> an article on biofuel in order to discuss it in the class.	～を取り上げる，～を拾い上げる ■ ケント教授は，クラスでの討論のためバイオ燃料に関する記事を取り上げた。
244	**fill in ～**	Would you <u>fill</u> me <u>in</u> on what Dr. Howard said about the final exam? Please <u>fill in</u> the blanks on your answer sheets.	～に詳しく知らせる，～に記入する ■ 期末試験についてハワード博士が何を話されたか，詳しく教えてもらえますか？ ■ 解答用紙の空欄に記入してください。
245	**end up (～)**	During the Great Depression, many millionaires <u>ended up</u> penniless.	結局～になる，終わる ■ 世界大恐慌時には，多くの億万長者が結局一文無しになった。
246	**on purpose**	He broke his promise <u>on purpose</u>. Don't let him tell you it was an accident.	わざと ■ 彼はわざと約束を破ったんだ。それが不測の出来事だったなんて，彼に言わせないように。
247	**give away ～**	He <u>gave away</u> all of his old clothes to the poor.	～を寄付する，～をただで与える ■ 彼は貧しい人々に，全ての古着を寄付した。
248	**stay up**	Tomorrow, I'm going to have a big exam. Therefore, I have to <u>stay up</u> until after midnight.	(夜遅くまで)寝ずに起きている ■ 明日は大事な試験がある。だから，夜中まで寝ずに起きていないといけないな。

445 — more to go!

249 refer to ～
- You can **refer to** my published paper.
- Today's lecture **referred to** the current juvenile delinquency problems.

～を参照する，～に言及する
- 私の公表論文を参照してもいいですよ。
- 今日の講義は最近の少年犯罪問題に言及した。

250 save the day
- John's quick thinking **saved the day**.
- Ted **saved the day** by scoring a goal in the final seconds of the match.

窮地を救う，勝利へ導く，成功をもたらす
- ジョンの機敏な判断が窮地を救った。
- テッドはその試合の最後の瞬間にゴールを決め，チームを勝利へ導いた。

251 drop by
- Would you **drop by** later?

立ち寄る
- 後で私のところに立ち寄ってくれませんか？

252 make use of ～
- We are trying to **make** peaceful **use of** atomic energy.

～を利用する，～を使う
- 私たちは平和的に原子力エネルギーを利用しようと努力しています。
- 同 exploit

253 make the most [the best] of ～
- We have to **make the most of** the available equipment for this project.
- Susan **made the most of** every minute to study for the bar exam.

～を最大限に活用する，～をとても大切にする
- このプロジェクトのために，利用可能な機材を最大限に活用しなければならない。
- スーザンは司法試験の勉強のために，一分一秒をとても大切に使った。

254 once in a while
- He calls me **once in a while**.

時々
- 彼は時々私に電話をかけてくる。

255 on *one's* own account
- If you want to implement it, do it **on your own account**.

自分の責任で
- もし君がそれを実行したいなら，自分の責任でやりなさい。

Review
①～を理解する(238) ②～を思いつく(230) ③(体)にこたえる(227) ④がれきとなる(228) ⑤役目を果たす(234) ⑥(電気など)をつける(233) ⑦～を追想する(237) ⑧～を表す(236) ⑨(ガスや電気が)突然止まる(239) ⑩～に仕返しをする(226) ⑪～にもかかわらず(232) ⑫～に…するのをやめさせる(231) ⑬～を説明する(240) ⑭～する可能性がある(235) ⑮～しがちである(229)

Perfect!
15
10
5

4週目 4日 CD 1-51 idiom

#		
256	**day in and day out** ■ I'm tired of doing the same thing <u>day in and day out</u>.	来る日も来る日も ■ 私は，来る日も来る日も同じことばかりするのにうんざりしている。
257	**show up** ■ Louise finally <u>showed up</u> at the end of the conference.	現れる，顔を出す ■ ルイーズは会議の終わりになってようやく現れた。
258	**shed light on ～** ■ The Hubble Space Telescope has <u>shed light on</u> the existence of black holes.	～を明らかにする，～にヒントを与える ■ ハッブル宇宙望遠鏡は，ブラックホールの存在を明らかにしている。
259	**close in (on ～)** ■ The colonial government was <u>closing in on</u> the rioters. ■ Winter is <u>closing in</u>.	（～を）包囲する，（～に）近づく ■ 植民地政府は暴徒たちを包囲しつつあった。 ■ 冬が近づいてきている。
260	**come along with ～** ■ <u>Come along with</u> me. There is a nice place to have lunch.	～と一緒に行く[来る] ■ 私と一緒に行こうよ。お昼を食べるのにいいところがあるんだ。
261	**for a rainy day** ■ You should put some money aside <u>for a rainy day</u>.	まさかの時に備えて ■ まさかの時に備えて貯金しなさい。
262	**take in ～** ■ I didn't <u>take in</u> the situation at the time. ■ Tourists <u>are</u> often <u>taken in</u> by scams.	～を理解する，（受身形で）だまされる ■ 私は当時，事情を理解していなかった。 ■ 旅行客は，しばしば詐欺師にだまされる。 ＊多くの意味があるので注意。
263	**show off ～** ■ To <u>show off</u> what you discovered will damage your social status.	～を見せびらかす ■ 君が発見したものを見せびらかすことは，君の社会的地位を下げることになる。

264 be inconsistent with ～ / ～と矛盾する

- Your words should not **be inconsistent with** what you have said before.
- 君の発言は，以前君が話したこと**と矛盾して**はならない。
- 反 be consistent with ～

265 change hands / 持ち主が変わる，やり取りされる

- The stolen jewels **changed hands** several times.
- その盗まれた宝石は何度も**持ち主が変わっ**た。
- That rare postage stamp **changed hands** for a lot of money.
- あの珍しい郵便切手は高額で**やり取りされ**た。

266 would rather *do* / むしろ～したい

- I **would rather** study at home.
- 私はむしろ家で勉強したい。
- ＊否定文では would rather not *do* の語順となる。

267 speak well of ～ / ～を褒める

- All the teachers **spoke well of** Mike.
- 先生方はみんな，マイク**を褒めた**。
- 反 speak ill of ～「～を悪く言う」

268 back up ～ / ～を支持する，～を裏付ける

- Thank you for **backing** me **up** during the meeting.
- 会議の間，私**を支持して**くれてありがとう。
- The DNA test **backed up** his theory.
- DNA鑑定は彼の理論**を裏付けた**。
- 同 support「～を支持する」

269 go into ～ / ～を徹底的に調べる

- The role of the auditor is to **go into** the details of financial statements.
- 監査役の仕事は，財務諸表の細部**を徹底的に調べる**ことです。

270 suffer from ～ / ～で苦しむ，～の病気をする

- The farmers have **suffered from** recurrent droughts.
- 農家の人たちは，繰り返し起こる干ばつに**苦しんで**いる。
- He is **suffering from** the flu.
- 彼はインフルエンザにかかっている。

Review ①卵を産む(241) ②結局～になる(245) ③～を利用する(252) ④～を参照する(249) ⑤自分の責任で(255) ⑥～に詳しく知らせる(244) ⑦わざと(246) ⑧立ち寄る(251) ⑨～できない(242) ⑩～を寄付する(247) ⑪時々(254) ⑫窮地を救う(250) ⑬(夜遅くまで)寝ずに起きている(248) ⑭～を取り上げる(243) ⑮～を最大限に活用する(253)

colloquial expression

271 That's the last straw.
- ★: Would you lend me 50 dollars?
- ☆: You said the same thing last week. Did you forget that? **That's the last straw.**

もう勘弁できない。
- ★: 50ドル貸してくれないか？
- ☆: 先週も同じこと言ったわよね。忘れたの？ もう勘弁できないわ（貸さない）。

272 give ～ a lift [ride]
- ☆: I'm going downtown to buy a vase.
- ★: Would you like me to **give** you **a lift**?

～を車に乗せる
- ☆: 街へ花瓶を買いに行くわ。
- ★: 車に乗せていこうか？

273 as good as the next
- ★: I was sick and absent from the last psychology class. I want you to fill me in. When can we get together next week?
- ☆: I'm not available on Tuesday. Other than that, any day's **as good as the next**.

どれにも劣らず良い
- ★: 前回の心理学の授業の時、体調が悪くて休んだんだ。詳しく教えてほしいんだ。来週のいつ頃、会えるかな？
- ☆: 火曜日はだめなの。他の日ならいつでも大丈夫よ。

274 couldn't be worse
- ★: How was your trip to Fiji?
- ☆: Oh, it **couldn't be worse**. A typhoon hit the island we stayed in. And it rained all weekend!

最悪だ
- ★: フィジーへの旅はどうだった？
- ☆: もう、**最悪よ**。私たちが泊まっていた島に台風が来たの。週末ずっと雨だったのよ！
- 反 couldn't be better「最高だ」

275 give it time
- ★: Jane, how do we talk to Karen about her study habits? Her grades are really poor.
- ☆: **Give it time**. She is still a freshman. Soon, she'll realize she can't get into any university with her grades.

時間をかける，時が熟すのを待つ
- ★: ジェーン、カレンの学習習慣についてどう話し合ったらいいだろう？ 成績が本当に悪いよね。
- ☆: 時間をかけましょう。彼女はまだ新入生よ。すぐに、こんな成績じゃどの大学にも入れないと分かるわ。

420 — more to go!

276 hold ~ over
~を持続させる

☆: Do you mind if I grab a sandwich?
★: No, go ahead. That should **hold** you **over** till the last class.

☆: ちょっとサンドイッチを食べてもいいかしら？
★: どうぞご自由に。サンドイッチを食べれば，最後の授業まで（お腹が）**持つ**よね。

277 stick *one's* neck out
あえて危険を冒す

☆: I heard you rescued an old lady in the sea. Only a few can **stick their neck out** to save others.
★: Well, thanks. I swam for life with her on my back. I'm glad she was fine.

☆: 老婦人を海で助けたんですって。**あえて危険を冒して**他人を助けようとする人はなかなかいないわ。
★: ああ，ありがとう。ご婦人を背負って一生懸命泳いだんだ。ご婦人が大丈夫だったのでうれしいよ。

278 at odds with each other
互いに反目し合って

★: I can't stand them. Terry and Peter are always **at odds with each other**.
☆: I'll say. But we can't decide on our spring vacation destination without them.

★: 二人には我慢できないよ。テリーとピーターはいつも**互いに反目し合っている**んだ。
☆: 本当にね。でも彼らがいなくちゃ，私たちは春休みの旅行先を決められないわ。

279 be a far cry from ~
~とはかなり異なっている

★: Look at this eccentric drawing style. It must be Picasso's. It costs only 200 dollars.
☆: You'd throw money down the drain. This **is a far cry from** his style.

★: 見て，この一風変わった描画スタイルを。ピカソに違いないな。たった200ドルだよ。
☆: お金の無駄遣いね。これは，ピカソのスタイル**とはかなり異なる**わ。

280 keep *one's* nose clean
悪いことをしない，面倒なことに巻き込まれないようにする

★: Let's practice the play for the school festival.
☆: Hey, guys. Don't mess up the lounge. You should **keep your nose clean**.

★: 学園祭の劇を練習しよう。
☆: 君たち。ラウンジを散らかさないでね。**悪いことをしない**ようにね。

Review Questions — idiom

空所に最も適切な語句，または下線部と同じ意味の語句を，選択肢から選びましょう。

1 It would be better for you not to cast _____ your college friends.
(A) in   (B) about   (C) aside   (D) on

2 Julia could not stand _____ the way her boss behaved.
(A) up   (B) down   (C) in   (D) for

3 The fire alarm went _____ due to an emergency drill.
(A) off   (B) down   (C) up   (D) dead

4 Jane kindly _____ me in on cognitive psychology.
(A) filed   (B) forced   (C) tried   (D) filled

5 You should save your money wisely for _____.
(A) a rainy day   (B) a flooding day
(C) a beautiful day   (D) a wet day

6 Susan _____ from a hay fever and sneezed a lot during the exam.
(A) resulted   (B) refrained   (C) suffered   (D) abstained

7 The guest speaker will arrive before long.
(A) on time   (B) long before   (C) never   (D) sooner or later

8 They departed for the island in spite of snow.
(A) despite   (B) because   (C) besides   (D) on the other hand

9 That bio-venture made use of iPS technology to develop transplantable organs.
(A) fabricated   (B) took advantage of
(C) discarded   (D) concocted

1 正解 (C) **215** cast aside ～「（友達など）と関係を絶つ」（→p. 76）
大学時代の友達と疎遠にしない方が良いだろう。

---

2 正解 (D) **236** stand for ～「～を我慢する」（→p. 79）
ジュリアは彼女の上司の振る舞いに我慢することができなかった。
＊(C) stand in は「代役を務める」などの意味があります。

---

3 正解 (A) **239** go off「（目覚まし時計などが）突然鳴り出す」（→p. 79）
防災訓練のために火災警報が鳴った。
＊(D) go dead は「（機器などが）止まる」などの意味があります。

---

4 正解 (D) **244** fill in ～「～に詳しく知らせる」（→p. 80）
ジェーンは親切にも，認知心理学について私に詳しく説明してくれた。

---

5 正解 (A) **261** for a rainy day「まさかの時に備えて」（→p. 82）
まさかの時に備えて賢くお金を貯めなさい。
＊冗談では(B)も言うかも知れませんが，成句ではありません。

---

6 正解 (C) **270** suffer from ～「～の病気をする」（→p. 83）
スーザンは花粉症にかかり，試験中に何度もくしゃみをした。
＊(A) result from ～は「～に起因する」，(B) の refrain from ～は「～を控える」，(D) の abstain from ～も「～を控える」などの意味になります。

---

7 正解 (D) **216** before long「間もなく」（→p. 76）
ゲストスピーカーは，間もなく到着するだろう。
＊(A) on time は「時間通りに」という意味です。

---

8 正解 (A) **232** in spite of ～「～にもかかわらず」（→p. 78）
彼らは，雪にもかかわらず島に出発した。
＊(B) because は接続詞なので後ろに節を取ります。(C) besides は「～の他にも」，(D) on the other hand は「その一方で」の意味で文意をなしません。

---

9 正解 (B) **252** make use of ～「～を利用する」（→p. 81）
あのバイオベンチャーは，移植可能な器官を開発するために iPS 技術を利用した。
＊(A) fabricate は「～を作り出す」，(C) discard は「～を捨て去る」，(D) concoct は「～をでっち上げる」などの意味があります。

Review Questions

colloquial expression

🎧 **CD 1-53~62** CDを聞き，各質問の答えとして最も適切なものを選びましょう。

1 What does the woman mean?
(A) She will lend the man money.
(B) She will not lend the man money.

2 What does the man say?
(A) His car is towed.
(B) He can drive the woman.

3 What does the woman mean?
(A) She is busy on Wednesday.
(B) She is busy on Tuesday.

4 What does the woman mean?
(A) The trip was miserable.
(B) The trip was somehow good.

5 What does the woman imply about Karen?
(A) She won't enter university.
(B) She will become a good student.

6 What does the man mean?
(A) The woman should hold a sandwich until the class ends.
(B) The woman can eat a sandwich.

7 What does the man mean?
(A) He belongs to the swimming team.
(B) He swam hard.

8 What does the woman mean?
(A) She will talk to Terry and Peter about her plan.
(B) She is unsure about the trip.

9 What does the woman imply?
(A) The painting is a good deal.
(B) The painting has no value.

10 What does the woman mean?
(A) They should wash their faces first.
(B) They should keep the lounge clean.

1 正解 (B)

★ : Would you lend me 50 dollars?
☆ : You said the same thing last week. Did you forget that? That's the last straw.
What does the woman mean?
(A) She will lend the man money.　　(B) She will not lend the man money.

　★ : 50ドル貸してくれないか？
　☆ : 先週も同じこと言ったわよね。忘れたの？ もう勘弁できないわ（貸さない）。
　女性は何を言っているのでしょうか。
　(A) 彼女は男性にお金を貸す。　　(B) 彼女は男性にお金を貸さない。
　＊「勘弁しない」と言っているので，女性は男性にお金を貸さないと分かります。

---

2 正解 (B)

☆ : I'm going downtown to buy a vase.
★ : Would you like me to give you a lift?
What does the man say?
(A) His car is towed.　　(B) He can drive the woman.

　☆ : 街へ花瓶を買いに行くわ。
　★ : 車に乗せていこうか？
　男性は何を言っているのでしょうか。
　(A) 彼の車は（駐車違反などで）牽引されている。
　(B) 彼は女性を車で送って行ける。
　＊ give a lift「車に乗せる」のほか，get a lift「乗せてもらう」も覚えましょう。

---

3 正解 (B)

★ : I was sick and absent from the last psychology class. I want you to fill me in. When can we get together next week?
☆ : I'm not available on Tuesday. Other than that, any day's as good as the next.
What does the woman mean?
(A) She is busy on Wednesday.　　(B) She is busy on Tuesday.

　★ : 前回の心理学の授業の時，体調が悪くて休んだんだ。詳しく教えてほしいんだ。来週のいつ頃，会えるかな？
　☆ : 火曜日はだめなの。他の日ならいつでも大丈夫よ。
　女性は何を言っているのでしょうか。
　(A) 彼女は水曜日が忙しい。　　(B) 彼女は火曜日が忙しい。
　＊ not available on Tuesday から (B) が正解です。

---

4 正解 (A)

★ : How was your trip to Fiji?
☆ : Oh, it couldn't be worse. A typhoon hit the island we stayed in. And it rained all weekend!
What does the woman mean?
(A) The trip was miserable.　　(B) The trip was somehow good.

★：フィジーへの旅はどうだった？
☆：もう，最悪よ。私たちが泊まっていた島に台風が来たの。週末ずっと雨だったのよ！
女性は何を言っているのでしょうか。
(A) 旅行は悲惨だった。　　　　　　　　　(B) 旅行はある程度良かった。

＊couldn't be worse は「これ以上悪くならない＝最悪だ」という意味です。また，台風が来て雨が降ったと言っているので，(B)は不正解と考えられます。

---

5 正解 (B)

★：Jane, how do we talk to Karen about her study habits? Her grades are really poor.
☆：Give it time. She is still a freshman. Soon, she'll realize she can't get into any university with her grades.
What does the woman imply about Karen?
(A) She won't enter university.　　　　(B) She will become a good student.

★：ジェーン，カレンの学習習慣についてどう話し合ったらいいだろう？　成績が本当に悪いよね。
☆：時間をかけましょう。彼女はまだ新入生よ。すぐに，こんな成績じゃどの大学にも入れないと分かるわ。
女性はカレンについて何と言っているのでしょうか。
(A) 彼女は大学には入らないだろう。　　(B) 彼女は良い生徒になるだろう。

＊女性の Soon 以下の発言から，カレンはそのうち自分で気づいて勉強するようになると女性が考えていることが分かります。

---

6 正解 (B)

☆：Do you mind if I grab a sandwich?
★：No, go ahead. That should hold you over till the last class.
What does the man mean?
(A) The woman should hold a sandwich until the class ends.
(B) The woman can eat a sandwich.

☆：ちょっとサンドイッチを食べてもいいかしら？
★：どうぞご自由に。サンドイッチを食べれば，最後の授業まで(お腹が)持つよね。
男性は何を言っているのでしょうか。
(A) 彼女はクラスが終わるまでサンドイッチを(食べないで)持っているべきだ。
(B) 彼女はサンドイッチを食べても良い。

＊「サンドイッチを食べれば最後の授業までお腹が持つ」と言っているので正解は(B)です。

---

7 正解 (B)

☆：I heard you rescued an old lady in the sea. Only a few can stick their neck out to save others.
★：Well, thanks. I swam for life with her on my back. I'm glad she was fine.
What does the man mean?
(A) He belongs to the swimming team.　　(B) He swam hard.

☆：老婦人を海で助けたんですって。あえて危険を冒して他人を助けようとする人はなかなかいないわ。
★：ああ，ありがとう。ご婦人を背負って一生懸命泳いだんだ。ご婦人が大丈夫だったのでうれし

いよ。
男性は何を言っているのでしょうか。
(A) 彼は水泳チームに属している。　　(B) 彼は一生懸命に泳いだ。
＊男性は一生懸命に泳いだと言っていますが，水泳チームのメンバーだとは言っていません。

8 正解 (B)

★：I can't stand them. Terry and Peter are always at odds with each other.
☆：I'll say. But we can't decide on our spring vacation destination without them.
What does the woman mean?
(A) She will talk to Terry and Peter about her plan.
(B) She is unsure about the trip.

★：二人には我慢できないよ。テリーとピーターはいつも互いに反目し合っているんだ。
☆：本当にね。でも彼らがいなくちゃ，私たちは春休みの旅行先を決められないわ。
女性は何を言っているのでしょうか。
(A) 彼女はテリーとピーターに計画について話をするつもりだ。
(B) 彼女は旅行について確信がない。
＊女性が we can't decide ... と言っていることから(B)が正解です。

9 正解 (B)

★：Look at this eccentric drawing style. It must be Picasso's. It costs only 200 dollars.
☆：You'd throw money down the drain. This is a far cry from his style.
What does the woman imply?
(A) The painting is a good deal.　　(B) The painting has no value.

★：見て，この一風変わった描画スタイルを。ピカソに違いないな。たった200ドルだよ。
☆：お金の無駄遣いね。これは，ピカソのスタイルとはかなり異なるわ。
女性は何を言っているのでしょうか。
(A) その絵はお買い得だ。　　(B) その絵は価値がない。
＊throw money down the drain は「お金を無駄に使う(浪費する)」という意味です。その絵には価値がない，ということが分かります。

10 正解 (B)

★：Let's practice the play for the school festival.
☆：Hey, guys. Don't mess up the lounge. You should keep your nose clean.
What does the woman mean?
(A) They should wash their faces first.　　(B) They should keep the lounge clean.

★：学園祭の劇を練習しよう。
☆：君たち。ラウンジを散らかさないでね。悪いことをしないようにね。
女性は何を言っているのでしょうか。
(A) 彼らはまず顔を洗うべきだ。
(B) 彼らはラウンジをきれいにしておかなければならない。
＊Don't mess up から「ラウンジを汚さないように」と言っていることが分かります。

5週目 1日 CD 1-63　　　　　　　　　　　　　　　idiom

281	**at ease** ■ Tom put her **at ease**.	くつろいで，気楽に ■ トムは彼女をくつろがせた。
282	**keep pace with ~** ■ I cannot **keep pace with** Professor King's class.	~についていく ■ キング教授の授業についていけない。
283	**in exchange for ~** ■ Native Americans received only a small amount of money **in exchange for** their land.	~と交換に，~の代わりに ■ アメリカ先住民は土地と交換に，ほんのわずかのお金を受け取った。
284	**wear away [off]** ■ The inscription has **worn away**.	摩滅する ■ 碑文が摩滅してしまった。 同 weather「風化する」
285	***A* is to *B* what [as] *C* is to *D*** ■ Reading **is to** the mind **what** food **is to** the body.	AのBに対する関係はCのDに対する関係に等しい ■ 読書の精神に対する関係は食物の肉体に対する関係に等しい。
286	**at a loss** ■ They used up all the necessary funds to build a new lab and were **at a loss** as to what to do.	途方に暮れて ■ 彼らは新しい実験室を造るための必要資金を全て使い切ってしまい，どうしたらよいか途方に暮れた。
287	**give off ~** ■ The shooting stars **gave off** strange lights.	（光・音・においなど）を放つ ■ 流れ星は奇妙な光を放った。 同 give out ~, emit
288	**come to light** ■ Soon after his arrest, the bribery case **came to light**.	明るみに出る ■ 彼の逮捕後すぐに贈収賄事件が明るみに出た。

289	**every now and then**	時折
	■ I see Mary studying at the library **every now and then**.	■ 私は**時折**メアリーが図書館で勉強しているのを見かける。

290	**be absorbed in ～**	～に熱中している
	■ Karen **was absorbed in** her video games, forgetting the assignment that was due.	■ カレンはテレビゲーム**に熱中していて**，提出期限が来た宿題を忘れていた。

291	**see about ～**	～を手配する
	■ Would you please **see about** reserving the room for the next meeting?	■ 次のミーティングの部屋の予約**を手配して**くれませんか。

292	**cope with ～**	～に対処する
	■ How can we **cope with** these massive grasshoppers?	■ どうやってこの大量のバッタ**に対処したら**よいのだろうか。

293	**in the meantime**	その間に
	■ The meeting has been postponed till next week. **In the meantime**, let's rethink the agenda.	■ ミーティングが来週まで延びました。**その間に**，協議事項をもう一度考え直しましょう。

294	**look into ～**	～を調べる，～の中を見る，～をのぞき込む
	■ I will **look into** the matter sooner or later. ■ The bride and groom **looked** lovingly **into** each other's eyes.	■ 私は遅かれ早かれ，その問題**を調べる**つもりだ。 ■ 新郎新婦はお互いの目を優しく**見つめ合っ**た。

295	**take off (～)**	（飛行機が）離陸する，～を脱ぐ
	■ The airplane **took off**. ■ Isabella **took** her coat **off**.	■ 飛行機が**離陸した**。 ■ イザベラはコート**を脱いだ**。

Review ①～を明らかにする(258) ②むしろ～したい(266) ③(～を)包囲する(259) ④持ち主が変わる(265) ⑤～で苦しむ(270) ⑥～を褒める(267) ⑦～と矛盾する(264) ⑧～を見せびらかす(263) ⑨現れる(257) ⑩来る日も来る日も(256) ⑪～を支持する(268) ⑫～と一緒に行く(260) ⑬～を理解する(262) ⑭～を徹底的に調べる(269) ⑮まさかの時に備えて(261)

5週目 2日 CD 1-64　idiom

296　be worth *doing*
- Don't hesitate! It's worth trying!

〜する価値がある
- ためらうな！ やるだけの価値があるんだ！

297　take place
- The festival takes place here every other month.

催される，起こる，行われる
- ここでお祭りが隔月に催される。
- ＊通常，偶然性を伴わない場合に用いられる。

298　at the same time
- Cliff received the highest score, and at the same time, he received a scholarship.

同時に
- クリフは最高点を取った。それと同時に，奨学金を受け取った。

299　day by day
- Adequate watering enabled the plant to grow taller day by day.

日ごとに
- 適度な水やりにより，その植物は日ごとに大きく成長することができた。

300　come about
- The accident came about when the traffic lights went off.

起こる
- 事故は信号が消えた時に起こった。

301　be relevant to 〜
- Please make sure your essay is relevant to the topic.

〜に関連性がある
- 必ずその話題に関連性がある小論文にしてください。

302　on account of 〜
- I couldn't finish the paper on account of a high fever.

〜のために，〜が原因で
- 高熱のために論文を仕上げられなかった。
- 同 because of 〜, owing to 〜, due to 〜

303　hand in 〜
- Sue handed in her report on time.

〜を提出する
- スーは期限通りにレポートを提出した。
- 同 turn in 〜, submit

390 — more to go!

---

304 ought to *do* — 〜すべきである
- You **ought to** have this letter registered.
- この手紙は書留にすべきだ。
- 同 should *do*, have to *do*, must *do*

305 not to mention 〜 — 〜は言うまでもなく
- She can play the violin, **not to mention** the piano.
- 彼女はピアノは言うまでもなく，バイオリンも弾ける。
- 同 not to speak of 〜

306 be about to *do* — まさに〜しようとしている
- Researchers **are about to** make a breakthrough in medicine.
- 研究者たちは医学の飛躍的進歩をまさに達成しようとしている。

307 make fun of 〜 — 〜をからかう
- Don't **make fun of** him. He's trying his best.
- 彼をからかうなよ。彼は一生懸命努力しているんだ。
- 同 poke fun at 〜

308 all but — ほとんど，もう少しで
- She was **all but** worn out after the hike.
- 彼女はハイキングの後，ほとんどへとへとだった。

309 go over 〜 — 〜を検討する，〜を調べる
- The committee **went over** the proposed budget.
- 委員会は提案された予算を検討した。
- 同 examine

310 owing to 〜 — 〜のために，〜の理由で
- **Owing to** his mistake, we had to change the plan.
- 彼のミスのせいで，私たちは計画を変更せざるを得なかった。
- 同 on account of 〜, due to 〜, because of 〜

Review ①くつろいで(281) ②摩滅する(284) ③〜に熱中している(290) ④〜と交換に(283) ⑤〜を調べる(294) ⑥〜に対処する(292) ⑦〜についていく(282) ⑧その間に(293) ⑨〜を手配する(291) ⑩明るみに出る(288) ⑪時折(289) ⑫途方に暮れて(286) ⑬(飛行機が)離陸する(295) ⑭AのBに対する関係はCのDに対する関係に等しい(285) ⑮(光・音・においなど)を放つ(287)

5週目 3日 CD 1-65　idiom

311	**get over ~** ■ They **got over** their difficulties. ■ It took two weeks for her to **get over** her cold.	~を克服する，~から回復する ■ 彼らは困難を克服した。 ■ 彼女は風邪から回復するのに2週間かかった。 同 overcome「~を克服する」, recover from ~「~から回復する」
312	**on time** ■ The train arrived **on time**.	定刻に，時間通りに ■ 列車は定刻に着いた。 同 on schedule
313	**have a poor opinion [view] of ~** ■ I **have a poor opinion of** this novel.	~をつまらないものと思う，~を低く評価する ■ 私はこの小説をつまらないものと思う。
314	**set apart ~ (from ...)** ■ The patients suffering from the current epidemic will be **set apart from** the other patients.	~を(…から)区別する ■ 流行中の感染症を患っている患者は，ほかの患者から隔離される。
315	**make up *one's* mind** ■ **Make up your mind**. This is your last chance to apply for the doctoral program.	決心する ■ 決心しなさい。これが博士課程に応募する最後のチャンスなんだから。
316	**not a few** ■ **Not a few** people think that social norms have changed.	少なからぬ，かなり多くの ■ 少なからぬ人々が，社会規範が変化したと考えている。
317	**see beyond ~** ■ The Meteorological Agency is trying to establish a new measurement system to **see beyond** the direct impact of a major earthquake.	~の先を見通す ■ 気象庁は，大地震による直接の影響の先を見通すための，新しい計測システムを確立しようとしている。
318	**hold on to ~** ■ The crew had to **hold on to** the rope, or they would have lost their lives.	~にしっかりつかまる ■ 乗組員はロープにしっかりつかまっていなければならなかった。さもなければ，命を落としていたことだろう。

375 — more to go!

319 get along with ～
- Anne couldn't **get along with** her roommate.

～と仲良くやる
- アンはルームメイトと仲良くすることができなかった。

320 give rise to ～
- Small demonstrations suddenly **gave rise to** a commotion in the Middle East.

～を引き起こす，～を生じさせる
- 中東では，小さなデモが突如として暴動を引き起こした。

321 turn over ～
- Typhoon 15 **turned over** many fishing boats.
- Don't **turn over** the page until I direct you to.

～をひっくり返す，(ページなど)をめくる
- 台風15号は多くの漁船を転覆させた。
- 私が指示するまでページをめくらないように。

＊turnover は名詞で「転覆，売上」

322 according to ～
- **According to** Jim, Mary will attend the graduation ceremony.
- You must follow the procedures **according to** the instruction manual.

(主に文頭で)～によると，(主に文中で)～に従って
- ジムによると，メアリーは卒業式に出席するとのことだ。
- 君は取扱説明書に従って，その手順を踏まなければならない。

323 in the long run
- **In the long run**, the exchange rate of the yen will go up against the dollar.

結局は，長い目で見れば
- 結局は，円の為替レートはドルに対して上昇するだろう。

同 in the end, finally

324 lose one's head
- When I heard the news, I **lost my head**.

取り乱す，慌てる
- そのニュースを聞いた時，私は取り乱した。

325 as much as
- Did you hear that the tuition will go up by **as much as** 15%?
- Mary trusts Tom **as much as** he trusts her.

(多いことを強調して)～も，～と同じ程度[量]に
- 授業料が15％もアップするって聞いた？
- メアリーは，トムが彼女を信頼しているのと同じくらい，彼を信頼している。

Review ①～をからかう(307) ②催される(297) ③同時に(298) ④～する価値がある(296) ⑤～を提出する(303) ⑥ほとんど(308) ⑦日ごとに(299) ⑧～を検討する(309) ⑨～に関連性がある(301) ⑩起こる(300) ⑪～のために(310) ⑫まさに～しようとしている(306) ⑬～は言うまでもなく(305) ⑭～のために(302) ⑮～すべきである(304)

idiom

326 check out (～) ～を借り出す，(ホテルなどを)チェックアウトする
- I would like to check out these books. — これらの本を借り出したいのですが。
- We checked out of the hotel at 11 a.m. — 私たちはホテルを午前11時にチェックアウトした。

327 except for ～ ～を除いて
- My grades were fine except for math. — 僕の成績は数学を除いて良かった。

328 so far そこまで，これまでのところ
- You really embarrassed him. You didn't have to go so far. — あなたは彼をひどく困らせた。そこまでする必要はなかった。
- So far everything is going according to plan. — これまでのところ，全て計画通りに進んでいる。

329 make it a rule to *do* ～することにしている
- He makes it a rule to check the security system when he leaves the lab. — 彼は実験室を離れるときには，保安設備をチェックすることにしている。

330 in other words 言い換えれば
- In other words, this device will purify dirty water. — 言い換えれば，この装置は汚水を浄化する。

331 do with ～ ～で我慢する，間に合わせる，～が欲しい
- You have to do with what you have. — あなたは持っているもので我慢しなければならない。
- I could do with a typist. — タイピストが欲しいところだ。
- ＊多くの意味があるので注意。

332 run off ～ (動力・燃料)で動く，～をすらすらと書き上げる
- The car runs off gasoline. — その車はガソリンで動く。
- Susan ran off an original folk song. — スーザンは自作のフォークソングをすらすらと書き上げた。

333 put up with ～ ～を我慢する
- I cannot put up with my roommate anymore. — 私はもはやルームメートに我慢できない。

360 — more to go!

334	**keep in touch with ～**	～と連絡を保つ
	■ Wherever you go, don't forget to <u>keep in touch with</u> your parents!	■ どこに行こうとも，ご両親と連絡を保つのを忘れないように！

335	**in particular**	特に
	■ I'm free this evening. I don't have anything to do <u>in particular</u>.	■ 夕方は空いています。特にやることはありません。

336	**turn down ～**	～を拒絶する，(ボリュームなど)を下げる
	■ They <u>turned down</u> our proposal. ■ Would you please <u>turn down</u> the volume while I'm studying?	■ 彼らは私たちの提案を拒絶した。 ■ 私が勉強している間，ボリュームを下げてくれませんか。 ＊「ボリュームを上げる」は turn up ～。

337	**be disgusted with [by, at] ～**	～にうんざりしている，～に対して不快である
	■ All of us <u>are disgusted with</u> his rudeness.	■ 私たちは皆,彼の不作法にうんざりしている。

338	**make it up to ～**	～に埋め合わせをする
	■ I'm sorry I have to call off today's class. I will <u>make it up to</u> you next week.	■ 申し訳ありません，今日の授業をキャンセルしなければなりません。来週この分の埋め合わせをします。

339	**be ignorant of ～**	～を知らない
	■ It's important to avoid <u>being ignorant of</u> current events.	■ 時事問題を知らないでいるのを避けることは重要だ。

340	**on second thought**	考え直して
	■ We planned to go to the movie, but <u>on second thought</u>, we decided to go to the zoo.	■ 映画に行くつもりだったが，考え直して動物園に行くことにした。

Review ①結局は(323) ②決心する(315) ③～をひっくり返す(321) ④～を引き起こす(320) ⑤～をつまらないものと思う(313) ⑥～にしっかりつかまる(318) ⑦少なからぬ(316) ⑧～と仲良くやる(319) ⑨～の先を見通す(317) ⑩～によると(322) ⑪～を克服する(311) ⑫取り乱す(324) ⑬(多いことを強調して)～も(325) ⑭～を(…から)区別する(314) ⑮定刻に(312)

5週目 5日 CD 1-67　　　　　　　　　　　　　　　*colloquial expression*

---

341 **at *one's* disposal** — 〜の自由に使えて，〜の意のままになって

☆：Professor Smith, we need a projector, video screen, and many other things.
★：Don't worry. All these instruments are <u>at your disposal</u>.

☆：スミス教授，私たちは，プロジェクターやビデオスクリーン，他にもたくさん必要なものがあります。
★：大丈夫。これらの機材は全部君たちの自由に使って構わないから。

---

342 **not take no for an answer** — 嫌とは言わせない

☆：I hear you took your sister to the Rockies.
★：She would<u>n't take no for an answer</u>. But, anyway, it was an easy day's hike.

☆：妹さんをロッキー山脈に連れて行ったって聞いたわ。
★：妹が嫌とは言わせてくれなくてね。でも，まあ楽なハイキングだったよ。

---

343 **You can say that again!** — 全くその通り！

★：The classroom is overcrowded. I can't see the professor from here.
☆：<u>You can say that again!</u>

★：教室は混みすぎだよね。ここからじゃ，教授が見えないよ。
☆：全くその通りね！

---

344 **down the road** — いつか将来，やがて

★：I'm certain I'm going to visit my girlfriend's parents somewhere <u>down the road</u>.
☆：Fabulous! You mean you are going to get married, don't you?

★：将来，必ず彼女のご両親に会いに行くつもりなんだ。
☆：素晴らしいわ！ あなたたち結婚するのね？

---

345 **burn a hole in *one's* pocket** — （金を）しきりに使いたがる，金が身につかない

☆：Look at this sociology textbook. It cost 70 dollars!
★：You're telling me. These textbooks are <u>burning holes in our pockets</u>!

☆：この社会学の教科書を見て。70ドルもしたのよ！
★：本当だね。これらの教科書でお金がどんどんなくなっていくよ！

350 — more to go!

346 not in a million years
あり得ない

- ★: We have a heavy exam schedule this term. Will Professor Jones postpone the final exam?
- ☆: **Not in a million years**.

- ★: 今学期の試験スケジュールは厳しいね。ジョーンズ教授は期末試験を延長しないかな？
- ☆: あり得ないわ。

347 every nook and cranny
隅から隅まで

- ★: You know Professor Brown is very strict about grammar.
- ☆: Indeed, he checks our papers **every nook and cranny**.

- ★: ブラウン教授は文法にとても厳しいんだ。
- ☆: 本当ね。教授は私たちのレポートを**隅から隅まで**調べるのよ。

348 for the life of me
どうしても，命にかけても

- ☆: I can't **for the life of me** remember Jane's phone number.
- ★: Why don't you call Cathy?

- ☆: どうしてもジェーンの電話番号を思い出せないわ。
- ★: キャシーに電話して(聞いて)みれば？

349 one way or another
何とかして

- ★: This project isn't going so well and it's taking forever.
- ☆: Let's get some more help and work on it more tonight. We have to complete it by tomorrow **one way or another** because it's due next Monday.

- ★: このプロジェクトはあまりうまくいってないね。永遠に終わらなそうだ。
- ☆: 手伝ってくれる人をもっと見つけて，今晩もう少し進めましょう。来週の月曜日が期限なのだから明日までに**何とかして**終わらせないといけないわ。

350 one of those things
よくあること，避けがたいこと

- ☆: Oops, sorry. Let me wipe up that coffee and get you another one.
- ★: Don't worry. It's **one of those things**.

- ☆: あ，すみません。拭きますね，代わりのコーヒーをお持ちします。
- ★: 大丈夫。よくあることです。

Review Questions — idiom

空所に最も適切な語句，または下線部と同じ意味の語句を，選択肢から選びましょう。

1 You're late. You have to keep _____ other hiking members.
(A) a track of   (B) a step with   (C) in touch with   (D) pace with

2 He received a generous amount of money in exchange _____ his cottage.
(A) with   (B) for   (C) by   (D) at

3 New evidence on how the first human used fire has _____ light.
(A) become   (B) known to   (C) brought to   (D) come to

4 We are about _____ some steaks for a BBQ.
(A) preparing   (B) to prepare   (C) to be prepared   (D) going preparing

5 We have to _____ the failure we encountered.
(A) get over   (B) get acquainted with   (C) go a long way with   (D) cast aside

6 Will you come to the party or not? Please _____ your mind.
(A) make good   (B) get up   (C) make up   (D) take off

7 Susie cannot _____ along with her roommate.
(A) buy   (B) get   (C) take   (D) obtain

8 The negotiation between faculty and students <u>took place</u> here in the dean's office.
(A) came about   (B) finalized   (C) postponed   (D) broke apart

9 Everyone <u>except for</u> Tom attended the meeting.
(A) save   (B) including   (C) in spite of   (D) just

10 We don't want to <u>put up with</u> plain food at the cafeteria anymore.
(A) tolerate   (B) forbid   (C) pay for   (D) sell

WEEK 5

1 正解 (D) **282** keep pace with ~「~についていく」(→p. 92)
あなたは遅れているわ。他のハイキングメンバーと歩調を合わせてね。
＊(A) keep a track of ~は「~を追跡する」, (C) keep in touch with ~は「~と連絡を取る」という意味です。

2 正解 (B) **283** in exchange for ~「~と交換に」(→p. 92)
彼は，別荘と交換に高額のお金を受け取った。

3 正解 (D) **288** come to light「明るみに出る」(→p. 92)
どのように最初の人類が火を使ったかの新しい証拠が明るみに出た。

4 正解 (B) **306** be about to do「まさに~しようとしている」(→p. 95)
私たちはバーベキュー用にいくらかステーキを用意しようとしているところだ。
＊aboutの後にto不定詞がくることに注意をしてください。

5 正解 (A) **311** get over ~「~を克服する」(→p. 96)
私たちは，出くわした失敗を克服しなければならない。
＊(B) get acquaint with ~は「~に精通する，~と知り合いになる」, (C) go a long wayは「役に立つ」, (D) cast aside ~は「~を捨てる」などの意味で，いずれも文意に合いません。

6 正解 (C) **315** make up one's mind「決心する」(→p. 96)
パーティーに来ますか，来ませんか？決めてください。
＊(A) make goodは「達成する，成功する」などの意味です。

7 正解 (B) **319** get along with ~「~と仲良くやる」(→p. 97)
スージーは彼女のルームメートと仲良くやれない。

8 正解 (A) **297** take place「催される」(→p. 94)
教授と学生の交渉は，ここの学部長室で行われた。
＊(A) come aboutは「生じる，起こる」という意味で，これが正解です。(D) break apartは「粉々になる，分裂する」という意味です。

9 正解 (A) **327** except for ~「~を除いて」(→p. 98)
トム以外のみんながミーティングに出席した。
＊(A) 前置詞としてのsaveは「~のほかは」という意味です。

10 正解 (A) **333** put up with ~「~を我慢する」(→p. 98)
これ以上，カフェテリアの素っ気ない食事を我慢したくない。
＊(B) forbidは「~を禁じる，~を許さない」, (C) pay for ~は「~の代金を支払う」などの意味があります。

Review Questions

colloquial expression

🎵 **CD 1-68~77** CDを聞き，各質問の答えとして最も適切なものを選びましょう。

1 What does the professor say?
(A) The woman should not forget to put instruments away.
(B) The woman can use many instruments.

2 What does the man mean?
(A) His sister insisted that he take her to the mountains.
(B) He refused to climb the mountain.

3 What does the woman mean?
(A) The man should speak loud.
(B) She agrees with the man.

4 What does the woman imply about the man?
(A) He will officially propose marriage.
(B) He will drive to his girlfriend's house.

5 What does the man mean?
(A) Students spend a lot of money on their education.
(B) He needs to repair his pants.

6 What does the woman say about Professor Jones?
(A) He will put off the exam.
(B) He will hold the exam on schedule.

7 What does the woman say about Professor Brown?
(A) He is very strict.
(B) He will teach grammar.

8 What does the man suggest?
(A) The woman asks Cathy if she knows it.
(B) The woman calls Cathy instead of Jane.

9 What does the woman mean?
(A) They should make every effort to solve the problem in time.
(B) They should ask the professor to postpone the due date.

10 What does the man mean?
(A) He needs another cup of coffee.
(B) He doesn't care much.

1 正解 (B)

☆ : Professor Smith, we need a projector, video screen, and many other things.
★ : Don't worry. All these instruments are at your disposal.
What does the professor say?
(A) The woman should not forget to put instruments away.
(B) The woman can use many instruments.

> ☆ : スミス教授，私たちは，プロジェクターやビデオスクリーン，他にもたくさん必要なものがあります。
> ★ : 大丈夫。これらの機材は全部君たちの自由に使って構わないから。
> 教授は何を言っているのでしょうか。
> (A) 女性は機材を片付けるのを忘れてはいけない。
> (B) 女性は多くの機材を使うことができる。
> ＊ at your disposal は「好きに使って良い」という意味です。

---

2 正解 (A)

☆ : I hear you took your sister to the Rockies.
★ : She wouldn't take no for an answer. But, anyway, it was an easy day's hike.
What does the man mean?
(A) His sister insisted that he take her to the mountains.
(B) He refused to climb the mountain.

> ☆ : 妹さんをロッキー山脈に連れて行ったって聞いたわ。
> ★ : 妹が嫌とは言わせてくれなくてね。でも，まあ楽なハイキングだったよ。
> 男性は何を言っているのでしょうか。
> (A) 彼の妹が彼に山へ連れて行くようにとせがんだ。
> (B) 彼は山登りを拒否した。
> ＊ not take no for an answer の意味が分からなかったとしても，男性の it was an easy day's hike から2人で一緒に登ったことが分かるでしょう。

---

3 正解 (B)

★ : The classroom is overcrowded. I can't see the professor from here.
☆ : You can say that again!
What does the woman mean?
(A) The man should speak loud.　　(B) She agrees with the man.

> ★ : 教室は混みすぎだよね。ここからじゃ，教授が見えないよ。
> ☆ : 全くその通りね！
> 女性は何を言っているのでしょうか。
> (A) 男性は大声で話すべきだ。　　(B) 彼女は男性の意見に賛成だ。
> ＊ You can say that again! は同意するフレーズです。しっかり覚えましょう。

---

4 正解 (A)

★ : I'm certain I'm going to visit my girlfriend's parents somewhere down the road.
☆ : Fabulous! You mean you are going to get married, don't you?

What does the woman imply about the man?
(A) He will officially propose marriage.　(B) He will drive to his girlfriend's house.

> ★：将来，必ず彼女のご両親に会いに行くつもりなんだ。
> ☆：素晴らしいわ！ あなたたち結婚するのね？
> 女性は男性について何を示唆しているのでしょうか。
> (A) 彼は正式に結婚を申し込むつもりだ。　(B) 彼はガールフレンドの家に車で行くだろう。
> ＊女性の You mean you are going to get married から，(A)が正解。

---

5 正解 (A)

☆：Look at this sociology textbook. It cost 70 dollars!
★：You're telling me. These textbooks are burning holes in our pockets!
What does the man mean?
(A) Students spend a lot of money on their education.
(B) He needs to repair his pants.

> ☆：この社会学の教科書を見て。70ドルもしたのよ！
> ★：本当だね。これらの教科書でお金がどんどんなくなっていくよ！
> 男性は何を言っているのでしょうか。
> (A) 学生は教育にたくさんのお金を使う。　(B) 彼はズボンを直す必要がある。
> ＊男性は You're telling me. と女性の意見に同調しています。お金がかかると言いたいので(A)が正解です。

---

6 正解 (B)

★：We have a heavy exam schedule this term. Will Professor Jones postpone the final exam?
☆：Not in a million years.
What does the woman say about Professor Jones?
(A) He will put off the exam.　(B) He will hold the exam on schedule.

> ★：今学期の試験スケジュールは厳しいね。ジョーンズ教授は期末試験を延期しないかな？
> ☆：あり得ないわ。
> 女性はジョーンズ教授について何と言っているのでしょうか。
> (A) 彼は試験を延期するだろう。　(B) 彼は予定通り試験を行うだろう。
> ＊Thanks a million.「どうもありがとう」などと同じような million の使い方です。

---

7 正解 (A)

★：You know Professor Brown is very strict about grammar.
☆：Indeed, he checks our papers every nook and cranny.
What does the woman say about Professor Brown?
(A) He is very strict.　(B) He will teach grammar.

> ★：ブラウン教授は文法にとても厳しいんだ。
> ☆：本当ね。教授は私たちのレポートを隅から隅まで調べるのよ。
> 女性はブラウン教授について何と言っているのでしょうか。
> (A) 彼は非常に厳しい。　(B) 彼は文法を教える。

* every nook and cranny「隅から隅まで」チェックするということは，とても厳しいということですね。

8 正解 (A)

☆：I can't for the life of me remember Jane's phone number.
★：Why don't you call Cathy?
What does the man suggest?
(A) The woman asks Cathy if she knows it.
(B) The woman calls Cathy instead of Jane.

☆：どうしてもジェーンの電話番号を思い出せないわ。
★：キャシーに電話して(聞いて)みれば？
男性は何を提案していますか。
(A) 女性はキャシーに(ジェーンの電話番号を)知っているか聞く。
(B) 女性はジェーンではなくキャシーに電話する。
* キャシーに電話するのはなぜかを考えましょう。ジェーンの電話番号を知りたいからです。

9 正解 (A)

★：This project isn't going so well and it's taking forever.
☆：Let's get some more help and work on it more tonight. We have to complete it by tomorrow one way or another because it's due next Monday.
What does the woman mean?
(A) They should make every effort to solve the problem in time.
(B) They should ask the professor to postpone the due date.

★：このプロジェクトはあまりうまくいっていないね。永遠に終わらなそうだ。
☆：手伝ってくれる人をもっと見つけて，今晩もう少し進めましょう。来週の月曜日が期限なのだから明日までに何とかして終わらせないといけないわ。
女性は何を言っているのでしょうか。
(A) 彼らは問題を予定通りに解決するよう努力すべきだ。
(B) 彼らは教授に期限を延ばしてもらうように頼むべきだ。
* 女性は人を手配して期限内に終わらせることを提案しています。教授に期限を延ばしてもらうとは言っていません。

10 正解 (B)

☆：Oops, sorry. Let me wipe up that coffee and get you another one.
★：Don't worry. It's one of those things.
What does the man mean?
(A) He needs another cup of coffee.　　(B) He doesn't care much.

☆：あ，すみません。拭きますね，代わりのコーヒーをお持ちします。
★：大丈夫。よくあることです。
男性は何を言っているのでしょうか。
(A) 彼はもう一杯コーヒーが必要だ。　　(B) 彼はそれほど気にしていない。
* 男性の Don't worry. から，女性がコーヒーをこぼしたことを男性は気にしていないと分かります。

6週目 1日 CD 2-2　idiom

351	**hold *one's* tongue** ■ I wanted to complain a lot, but I **held my tongue**.	黙っている ■ 私は文句をたくさん言いたかったが、黙っていた。
352	**back and forth** ■ The two sides argued **back and forth** without coming to an agreement.	行ったり来たり、あちこちへ、行きつ戻りつ ■ 両者はあれこれ言い合うだけで、合意に至らなかった。
353	**read up on ～** ■ Please **read up on** the process of how these germs propagate.	～をよく調べる ■ これらの菌が繁殖する過程を、よく調べてください。
354	**get at ～** ■ It was difficult for me to **get at** what Professor Ross meant.	(事実など)を知る、～を突き止める、～をほのめかす、～を意味する ■ ロス教授が何を言おうとしているのかを**理解**することは難しかった。 ＊多くの意味があるので注意。
355	**free of charge** ■ For purchases above a certain amount, delivery is **free of charge**.	無料で ■ 一定額以上のご購入で、配送料は**無料**です。
356	**see eye to eye (with ～)** ■ Ted never **saw eye to eye with** Mary's parents.	(通例否定文で)(～と)意見が一致する、(～と)気が合う ■ テッドはメアリーの両親と意見が一致しなかった。
357	**keep a straight face** ■ Did you listen to her song? It was very hard for me to **keep a straight face**.	(笑いを抑えて)真顔でいる ■ 彼女の歌を聞いた？ 真顔でいるのにとても苦労したよ。
358	**never [not] do ～ by halves** ■ Jim **never does** things **by halves**. He made an excellent report.	決して中途半端に～をしない、～を手抜きしない ■ ジムは何事も決して**中途半端に**しない。彼は素晴らしいレポートを書き上げた。

WEEK 6

335 — more to go!

359 try on ~
~を試着する
- Let me **try on** the red blouse.
- 赤いブラウスを試着させてください。

360 do for ~
~の世話をする，~を養う，~の代わりになる
- Susie's been **doing for** homeless people for three years.
- スージーは3年間ホームレスの人たちの世話をしている。
- This coin will **do for** a screwdriver.
- この硬貨がドライバーの代わりになるだろう。

361 come to *do*
~するようになる
- Mary **came to** realize the importance of social morals.
- メアリーは社会道徳の重要性を認識するようになった。

362 make out ~
~を理解する，~を判別する
- I can't **make out** what he's talking about.
- 彼が何を言っているのか理解することができない。
- They could not **make out** the shape of the church because of the heavy fog.
- 彼らは濃霧のために教会の形を判別することができなかった。

363 tend to *do*
~する傾向がある，~しがちである
- Most people **tend to** think that other cultures are hard to accept.
- たいていの人々は，ほかの文化は受け入れ難いものと考える傾向がある。
- 同 be apt to *do*

364 be independent of ~
~から独立している，~と無関係である
- This company **is independent of** its parent company.
- この会社は親会社から独立している。
- These experiments **were independent of** each other.
- これらの実験は互いに無関係であった。

365 play it by ear
ぶっつけ本番で行う，臨機応変に行う
- They couldn't decide on the details for the party, so they **played it by ear**.
- 彼らはパーティーの詳細を決められなかったので，ぶっつけ本番で行った。

Review ①そこまで(328) ②~で我慢する(331) ③~にうんざりしている(337) ④言い換えれば(330) ⑤~を借り出す(326) ⑥~と連絡を保つ(334) ⑦~を我慢する(333) ⑧考え直して(340) ⑨~を拒絶する(336) ⑩~を除いて(327) ⑪~することにしている(329) ⑫~を知らない(339) ⑬特に(335) ⑭~に埋め合わせをする(338) ⑮(動力・燃料)で動く(332)

6週目 2日 CD 2-3　idiom

366 cheer up ～
- Did you hear? Tom failed the interview. Would you **cheer** him **up**?

～を励ます，～を元気づける
- 聞いたかい？ トムが面接でしくじったんだよ。彼を励ましてくれないか？

367 in a mess
- Jim's room is always **in a mess**.

散らかって
- ジムの部屋はいつも散らかっている。

368 come down with ～
- Tom **came down with** the flu.

(病気)にかかる
- トムはインフルエンザにかかった。

369 by far
- According to Professor Dean, Tom is **by far** the best student in our class.

はるかに，断然
- ディーン教授によると，トムはクラスの中の誰よりもはるかに優れている学生だ。
- ＊最上級や比較級を強める用法として使われる。

370 look for ～
- The tuition will increase by 20%. I'll have to **look for** a part-time job.

～を探す
- 授業料が20％値上がりする。私はアルバイトを探さなくてはならないだろう。

371 in place of ～
- Computers came to be used **in place of** calculators and word processors.

～の代わりに
- コンピューターは計算機やワープロの代わりに用いられるようになった。
- 同 instead of ～, in lieu of ～

372 read between the lines
- In order to get a high score on the Reading Section, it is important that you **read between the lines**.

行間を読み取る
- リーディング・セクションで高得点を取るためには，行間を読み取ることが重要である。

373 take A for B
- Tom **took** the detective **for** a thief.

AをBだと思い違いする
- トムは刑事を泥棒だと思い違いした。

320 — more to go!

374 □	**no matter how [what, where, who, when] ~**	たとえどんなに［何が，どこで，誰が，いつ］〜であっても
	■ <u>No matter how</u> hard it rains, we should go! Professor Miller won't postpone the final.	■ たとえどんなに雨が強く降ろうとも，行かなければ！ ミラー教授は期末試験を延期してくれないだろう。
375 □	**break up (~)**	〜を終わらせる，（関係が）終わる
	■ The teacher <u>broke up</u> the student protest.	■ その教師は学生の抗議行動を終わらせた。
	■ Her parents <u>broke up</u> a couple of years ago.	■ 彼女の両親は数年前に**離婚**した。 ＊多くの意味があるので注意。
376 □	**do damage (to ~)**	（〜に）被害を与える
	■ The typhoon <u>did</u> considerable <u>damage to</u> the crops.	■ 台風は作物に甚大な**被害を与えた**。
377 □	**concentrate on ~**	〜に専念する，〜に集中する
	■ Please <u>concentrate on</u> your project. You should have finished by now.	■ 君のプロジェクトに**専念してください**。もうすでに終わっていたはずです。
378 □	**cling to ~**	〜に執着する
	■ You'd better not <u>cling to</u> the old-fashioned theory for your essay.	■ 君は小論文を書くのに旧態依然とした理論に**執着しないほうがいいよ**。 同 stick to ~
379 □	**take on ~**	（仕事など）を引き受ける，〜を雇う
	■ Don't <u>take on</u> any more work.	■ もうこれ以上仕事を**引き受けるな**よ。
	■ The company will <u>take on</u> 100 salespersons to promote sales.	■ 会社は売り上げを促進するために，100人の販売員を**雇う**予定だ。
380 □	**so far as ~**	〜する限りでは
	■ <u>So far as</u> I know, Mary is a good student.	■ 私の知っている**限りでは**，メアリーは立派な学生だよ。 同 as far as ~

Review ①（事実など）を知る（354） ②無料で（355） ③決して中途半端に〜をしない（358） ④〜を試着する（359） ⑤〜から独立している（364） ⑥行ったり来たり（352） ⑦〜する傾向がある（363） ⑧〜をよく調べる（353） ⑨〜を理解する（362） ⑩ぶっつけ本番で行う（365） ⑪〜の世話をする（360） ⑫〜するようになる（361） ⑬黙っている（351） ⑭（笑いを抑えて）真顔でいる（357） ⑮（〜と）意見が一致する（356）

6週目 3日 CD 2-4 idiom

381	**be impressed by ~** ■ The academic advisor **was impressed by** Mike's talent.	～に感銘を受ける ■ 指導教授は，マイクの才能に感銘を受けた。
382	**get down to ~** ■ Jim **got down to** his experiments.	(仕事など)に本気で取りかかる ■ ジムは実験に本気で取りかかった。
383	**not all ~** ■ **Not all** the students here want to go to graduate school.	全部が～とは限らない ■ ここの学生全員が大学院に進学したいと思っているとは限らない。
384	**let alone ~** ■ He would never walk again, **let alone** play soccer.	(通例否定文の後で)まして～，～は言うまでもなく ■ 彼は二度と歩けないだろう，ましてサッカーをするなんて。
385	**break into ~** ■ The thief **broke into** her dorm room. ■ You should not **break into** our conversation.	～に侵入する，(会話など)に割り込む ■ 泥棒が彼女の学生寮の部屋に侵入した。 ■ 私たちの会話に割り込まないで。
386	**get along** ■ How are you **getting along**?	暮らしていく，やっていく ■ どう暮らしておられますか？
387	**lose *one's* way** ■ It seems that we have **lost our way** to the auditorium.	道に迷う ■ どうやら講堂への道に迷ったらしい。
388	**no end of ~** ■ The new project will cost **no end of** money.	たくさんの，限りない ■ 新しいプロジェクトは，たくさんのお金がかかるだろう。

305 — more to go!

389	**think little of ~**	~を大したことと思わない
	■ I <u>thought little of</u> the accident at that time.	■ 当時、私は事故を大したことと思わなかった。

390	**grow up**	成長する、成人する
	■ My son has <u>grown up</u> so fast.	■ 息子はとても早く**成長**した。

391	**be tied up**	忙しい
	■ I've <u>been tied up</u> the whole afternoon.	■ 今日の午後はずっと**忙しい**。

392	**be determined to *do***	~しようと決心する
	■ Tom <u>was determined to</u> continue his research at graduate school.	■ トムは大学院で研究を続け**ようと決心した**。

393	**little by little**	少しずつ
	■ <u>Little by little</u>, Mary started to believe Jim.	■ **少しずつ**メアリーはジムを信じ始めた。 ＊step by step は「徐々に」

394	**be free of ~**	~を免除されている
	■ If you pass the exam, you will <u>be free of</u> having to take Chemistry 100.	■ この試験に受かれば、化学100の授業を**免除される**。

395	**lose face**	面目を失う
	■ Jim <u>lost face</u> with the group when his hypothesis was proven wrong.	■ ジムは彼の仮説が間違っていることを証明されて、グループ内で**面目を失った**。

Review ①行間を読み取る (372) ②(仕事など)を引き受ける (379) ③~を探す (370) ④AをBだと思い違いする (373) ⑤(病気)にかかる (368) ⑥~に専念する (377) ⑦(~に)被害を与える (376) ⑧~を終わらせる (375) ⑨はるかに (369) ⑩~の代わりに (371) ⑪~する限りでは (380) ⑫散らかって (367) ⑬たとえどんなに~であっても (374) ⑭~に執着する (378) ⑮~を励ます (366)

6週目 4日 CD 2-5　idiom

396 in order — 整然と
- There are a myriad of chemicals **in order** at the lab.
- 実験室には，無数の薬品が**整然**と置かれている。
- ＊a myriad of ～は「無数の」

397 in common — 共通の，共有の
- Indigenous people worldwide have many characteristics **in common**.
- Keeping property **in common** is rare in capitalist countries.
- 世界中の先住民たちは，多くの**共通**した特徴を持っている。
- 資本主義国では，共有の財産を保有することはまれである。

398 all at once — 突然に
- **All at once**, a tornado hit our town.
- 突然，竜巻が私たちの町を襲った。

399 make a point of *doing* — 努めて～する
- I **make a point of** taking a walk every day.
- 私は努めて毎日散歩するようにしている。

400 agree with ～ — ～に同意する
- I'm sorry, but I cannot **agree with** you.
- 申しわけありませんが，私はあなたに**同意**することはできません。

401 find fault (with ～) — (～の)あらを探す，(～を)非難する
- She always **finds fault with** her roommate.
- 彼女はいつもルームメートのあら探しをする。
- 同 criticize「～を非難する」

402 make an excuse [excuses] — 言い訳をする
- Don't **make excuses** for being late.
- 遅れた言い訳をしないように。

403 happen to ～ — ～の身にふりかかる，たまたま～する
- What **happened to** you? We missed you at the party.
- I **happened to** be away from home when he called.
- いったい何が君の身にふりかかったんだい。パーティーに来なかったね。
- 彼が電話をかけてきた時，私はたまたま出かけていた。

290 — more to go!

404	**eat out** ■ We've been busy moving all day. So, let's **eat out**.	外食をする ■ 引っ越しで1日中忙しかったから，**外食をし**よう。
405	**be inferior to ～** ■ I don't think this computer **is inferior to** the latest one.	～より劣っている ■ 私はこのコンピューターが最新のもの**より劣っている**とは思わない。 反 be superior to ～
406	**call off ～** ■ The football game was **called off** because of heavy snow.	～を中止する ■ フットボールの試合は大雪のために**中止され**た。 同 cancel
407	**all the more [better] because [for] ～** ■ Tom studied hard **all the more because** he received the scholarship.	～なのでなおさら（…である） ■ トムは奨学金を得たので，なおさら一生懸命に勉強した。
408	**get [be] carried away with ～** ■ We **got carried away with** talking and forgot about the time.	～に夢中になる ■ 私たちはおしゃべりに**夢中になって**時を忘れた。 同 be absorbed in ～
409	**take turns *doing*** ■ Let's **take turns** observing the petri dish.	交代で～をする ■ 交代でシャーレ（培養皿）の観察をしよう。
410	**look after ～** ■ As a member of this mentor group, you must **look after** a freshman.	～の世話をする ■ このメンターグループ（講師や学生の互助グループ）の一員として，君は新入生の**世話をし**なければならない。

Review ①全部が～とは限らない（383） ②まして～（384） ③少しずつ（393） ④道に迷う（387） ⑤～を大したことと思わない（389） ⑥～に侵入する（385） ⑦（仕事など）に本気で取りかかる（382） ⑧暮らしていく（386） ⑨たくさんの（388） ⑩～を免除されている（394） ⑪～に感銘を受ける（381） ⑫面目を失う（395） ⑬成長する（390） ⑭～しようと決心する（392） ⑮忙しい（391）

411 The jury [verdict] is still out.
まだ結論は出されていない。

☆: Is Marty being expelled from school? I don't think he cheated on the exam.
★: **The jury is still out.** The school board will meet next week.

☆: マーティーは退学になるの？ 彼が試験でカンニングしたとは思えないわ。
★: まだ結論は出ていないんだ。大学の理事会が来週開かれるらしい。

412 That's the last thing ～
それは一番～でないことだ

☆: Would you please join the student union?
★: **That's the last thing** I want to do.

☆: 生徒会に入ってくれない？
★: それは一番望んでいないことだ。

413 pull *one's* weight
自分の役割を十分に果たす

★: Thank you, Karen. You saved our project. If it had not been for your efforts, we would have been ruined.
☆: Never mind. I just **pulled my weight** like everyone else.

★: カレン、ありがとう。君は僕たちのプロジェクトを救ったよ。君の努力がなければ、駄目だったところだ。
☆: 気にしないでね。私は他のみんなのように、自分の役割を十分に果たしただけだわ。

414 kick around ～
(提案など)をあれこれ検討する

★: You seem to have **kicked around** several ideas for the coming university festival.
☆: Right, Jim. But we couldn't reach a conclusion after all.

★: 次の大学祭の計画をいくつかあれこれ検討したみたいだね。
☆: そうなのよ、ジム。でもね、結局何も決まらなかったの。

415 get the hang of ～
～のこつをつかむ、～をのみ込む

☆: Peter is a brilliant worker.
★: Yes, indeed. It was not long before he **got the hang of** our procedure.

☆: ピーターは素晴らしい社員だわ。
★: 本当にそうだね。業務の手順をすぐにのみ込んだからね。

280 — more to go!

416 grow by leaps and bounds — 急速に発展する
- ☆: Our Science Department is **growing by leaps and bounds**.
- ★: Yeah, the enrollment has exceeded two thousand.
- ☆: 私たちの（大学の）理学部は**急速に発展して**いるわ。
- ★: 本当だね。入学者が2,000人を超えたんだ。

417 right and left — 至る所で，縦横無尽に
- ☆: Why do people around here know about our engagement?
- ★: Look, your mother is talking about us to everyone **right and left**.
- ☆: なんでここの人たちは私たちの婚約を知っているの？
- ★: いいかい，君のお母さんが**至る所で**僕たちのことを話しているんだ。

418 go through the roof — （価格などが）天井知らずに上がる
- ☆: Tuition is going up 15%!
- ★: Again? It's **going through the roof**!
- ☆: 授業料が15パーセント上がるのよ！
- ★: またかい？ **天井知らずに上がる**ね！

419 hold *oneself* together — 落ち着かせる，正気を保つ
- ☆: I'm so scared that I've got stage fright. There are more than 200 attendees. I'm not sure I can give a presentation.
- ★: **Hold yourself together** and take a deep breath. After all, you've made great progress.
- ☆: 怖くて，あがってしまうわ。200人以上の参加者がいるの。プレゼンテーションできるかしら。
- ★: **落ち着いて**，深呼吸するんだ。何と言ったって君は素晴らしい進歩をしたんだから（安心しなさい）。
- 同 pull *oneself* together, get a hold of *oneself*

420 be on the right [wrong] track — 正しい[間違った]方法で進んでいる
- ☆: Is this map correct? It doesn't seem like we are driving towards the right direction.
- ★: Don't worry. We **are on the right track**.
- ☆: この地図は正しいかしら？ 私たち，正しい方角に進んでいるようには思えないわ。
- ★: 大丈夫。僕たちは正しい方向に進んでいるよ。

Review Questions — idiom

空所に最も適切な語句，または下線部と同じ意味の語句を，選択肢から選びましょう。

1 It's important for us to get _____ what the president means in this matter.
(A) of　　(B) at　　(C) off　　(D) with

2 Sam _____ a straight face when his father delivered a speech.
(A) hung on　　(B) pushed　　(C) took　　(D) kept

3 Understanding mathematics is _____ the most important.
(A) farther　　(B) as far as　　(C) by far　　(D) far more than

4 More and more people are trying to buy hybrid cars _____ place of gasoline cars.
(A) with　　(B) by　　(C) in　　(D) into

5 The medical fee is free _____ consumption tax.
(A) to　　(B) in　　(C) with　　(D) of

6 Karen felt embarrassed after she _____ face in front of the audience.
(A) made a　　(B) pulled a　　(C) lost　　(D) made a straight

7 Susan looked _____ her younger sister because her parents went to Paris.
(A) after　　(B) for　　(C) by　　(D) with

8 We <u>tend to</u> underestimate the magnitude of nature's power.
(A) are prone to　　(B) neglect to
(C) fight against to　　(D) face to

9 The university will <u>take on</u> three personnel staff members.
(A) need　　(B) dismiss　　(C) hire　　(D) interview

10 The concert was <u>called off</u> due to the thunderstorm.
(A) canceled　　(B) postponed　　(C) held　　(D) delayed

1 正解 (B) **354** get at ～「(事実など)を知る」(→p. 108)
このことに関して社長がどのように思っているか，僕たちが知ることが重要だ。

2 正解 (D) **357** keep a straight face「(笑いを抑えて)真顔でいる」(→p. 108)
サムは，彼の父親がスピーチをしたときに(笑いを我慢して)真顔でいた。

3 正解 (C) **369** by far「断然」(→p. 110)
数学を理解するのは，断然重要だ。
＊この選択肢の中で最上級を修飾できるのは by far だけです。

4 正解 (C) **371** in place of ～「～の代わりに」(→p. 110)
より多くの人たちが，ガソリン車の代わりにハイブリッド車を購入しようとしている。

5 正解 (D) **394** be free of ～「～を免除されている」(→p. 113)
医療費は，消費税を免税されている。

6 正解 (C) **395** lose face「面目を失う」(→p. 113)
カレンは，聴衆の前で面目を失って恥ずかしい思いをした。
＊(A) make a face は「しかめっ面をする」，(B) pull a face も「しかめっ面をする」，(D) make a straight face は「すました顔をする」などの意味で，文意が通りません。

7 正解 (A) **410** look after ～「～の世話をする」(→p. 115)
スーザンは，彼女の両親がパリに行っているので，妹の面倒を見た。
＊(B) look for ～は「～を探す」などの意味があります。

8 正解 (A) **363** tend to do「～する傾向がある」(→p. 109)
私たちは，自然の力の重大さを過小評価しやすい。
＊(A) be prone to do は「～しがちである」という意味です。

9 正解 (C) **379** take on ～「～を雇う」(→p. 111)
大学は3名の人事課職員を雇う予定です。
＊(B) dismiss は「～を解雇する」などの意味があります。

10 正解 (A) **406** call off ～「～を中止する」(→p. 115)
コンサートは，雷雨のために中止された。
＊(B) postpone は「～を延期する」，(C) be held は「～が行われる」，(D) delay は「～を遅延させる」などの意味です。

Review Questions   colloquial expression

CD 2-7~16　CDを聞き，各質問の答えとして最も適切なものを選びましょう。

1 What does the man mean?
(A) Marty will leave school next week.
(B) There is no decision yet.

2 What does the man mean?
(A) He won't join the union.
(B) He is a union member.

3 What does the woman mean?
(A) She lost her weight.
(B) She did her fair share of the work.

4 What does the woman mean?
(A) She hasn't decided anything.
(B) She is going to withdraw from the festival.

5 What does the man say about Peter?
(A) He is talented.
(B) He left the company long ago.

6 What does the woman say about the Science Department?
(A) It is popular.
(B) It is difficult to enroll in.

7 What does the man mean?
(A) The woman's mother talks too freely about the engagement.
(B) The woman's mother will come right away.

8 What does the man mean?
(A) Tuition is going up pretty high.
(B) The university needs money to repair its roof.

9 What does the man mean?
(A) The woman needs to be relaxed.
(B) The woman should hold her breath.

10 What does the man mean?
(A) They are taking the correct train.
(B) The map is correct.

1 正解 (B)

☆ : Is Marty being expelled from school? I don't think he cheated on the exam.
★ : The jury is still out. The school board will meet next week.
What does the man mean?
(A) Marty will leave school next week.　　(B) There is no decision yet.

☆：マーティーは退学になるの？　彼が試験でカンニングしたとは思えないわ。
★：まだ結論は出ていないんだ。大学の理事会が来週開かれるらしい。
男性は何を言っているのでしょうか。
(A) マーティーは来週退学するだろう。　　(B) 決定はまだ下されていない。

＊The jury is still out. という表現は覚えておきましょう。また，これが分からなくても，大学の理事会が来週開かれるという男性の発言から正解を推測することも可能です。

2 正解 (A)

☆ : Would you please join the student union?
★ : That's the last thing I want to do.
What does the man mean?
(A) He won't join the union.　　(B) He is a union member.

☆：生徒会に入ってくれない？
★：それは一番望んでいないことだ。
男性は何を言っているのでしょうか。
(A) 彼は生徒会に入るつもりはない。　　(B) 彼は生徒会のメンバーだ。

＊That's the last thing ～. は重要な口語表現です。覚えておきましょう。

3 正解 (B)

★ : Thank you, Karen. You saved our project. If it had not been for your efforts, we would have been ruined.
☆ : Never mind. I just pulled my weight like everyone else.
What does the woman mean?
(A) She lost her weight.　　(B) She did her fair share of the work.

★：カレン，ありがとう。君は僕たちのプロジェクトを救ったよ。君の努力がなければ，駄目だったところだ。
☆：気にしないでね。私は他のみんなのように，自分の役割を十分に果しただけだわ。
女性は何を言っているのでしょうか。
(A) 彼女は減量した。
(B) 彼女は自分の持ち分の仕事をした(やるべきことをした)。

＊女性の発言中にある weight につられて(A)を選ばないように注意しましょう。女性の減量は関係ありません。

4 正解 (A)

★ : You seem to have kicked around several ideas for the coming university festival.
☆ : Right, Jim. But we couldn't reach a conclusion after all.
What does the woman mean?

121

(A) She hasn't decided anything.
(B) She is going to withdraw from the festival.

★：次の大学祭の計画をいくつかあれこれ検討したみたいだね。
☆：そうなのよ，ジム。でもね，結局何も決まらなかったの。
女性は何を言っているのでしょうか。
(A) 彼女は何も決めていない。　　　(B) 彼女は大学祭から手を引こうとしている。
＊何も決まっていないだけで，大学祭から手を引くとは言っていません。女性のwe couldn't reach a conclusionが聞き取れれば正解できます。

---

5 正解 (A)

☆：Peter is a brilliant worker.
★：Yes, indeed. It was not long before he got the hang of our procedure.
What does the man say about Peter?
(A) He is talented.　　　(B) He left the company long ago.

☆：ピーターは素晴らしい社員だわ。
★：本当にそうだね。業務の手順をすぐにのみ込んだからね。
男性はピーターについて何と言っているのでしょうか。
(A) 彼は有能だ。　　　(B) 彼はずいぶん前に退社した。
＊It was not long before ～の意味を勘違いしないようにしましょう。「すぐに」という意味になります。

---

6 正解 (A)

☆：Our Science Department is growing by leaps and bounds.
★：Yeah, the enrollment has exceeded two thousand.
What does the woman say about the Science Department?
(A) It is popular.　　　(B) It is difficult to enroll in.

☆：私たちの(大学の)理学部は急速に発展しているわ。
★：本当だね。入学者が2,000人を超えたんだ。
女性は理学部について何と言っているのでしょうか。
(A) 人気がある。　　　(B) そこに入学するのは難しい。
＊is growing by leaps and bounds「急速に発展している」＝人気があると考えましょう。入学が難しいかどうかは述べられていません。

---

7 正解 (A)

☆：Why do people around here know about our engagement?
★：Look, your mother is talking about us to everyone right and left.
What does the man mean?
(A) The woman's mother talks too freely about the engagement.
(B) The woman's mother will come right away.

☆：なんでここの人たちは私たちの婚約を知っているの？
★：いいかい，君のお母さんが至る所で僕たちのことを話しているんだ。
男性は何を言っているのでしょうか。

(A) 女性の母親は婚約について自由に話しすぎる。
(B) 女性の母親はすぐにやってくるだろう。
＊男性の発言から，女性の母親が自由に話しすぎるので，2人の婚約が知れわたっていると分かります。

8 正解 (A)

☆：Tuition is going up 15%!
★：Again? It's going through the roof!
What does the man mean?
(A) Tuition is going up pretty high.
(B) The university needs money to repair its roof.

☆：授業料が15パーセント上がるのよ！
★：またかい？ 天井知らずに上がるね！
男性は何を言っているのでしょうか。
(A) 授業料が非常に高くなっている。　　(B) 大学は屋根を直すお金が必要だ。
＊男性のAgain?から，授業料がどんどん高くなっていることが分かります。男性の発言中にあるroofから(B)を選ばないように注意しましょう。

9 正解 (A)

☆：I'm so scared that I've got stage fright. There are more than 200 attendees. I'm not sure I can give a presentation.
★：Hold yourself together and take a deep breath. After all, you've made great progress.
What does the man mean?
(A) The woman needs to be relaxed.　　(B) The woman should hold her breath.

☆：怖くて，あがってしまうわ。200人以上の参加者がいるの。プレゼンテーションできるかしら。
★：落ち着いて，深呼吸するんだ。何と言ったって君は素晴らしい進歩をしたんだから（安心しなさい）。
男性は何を言っているのでしょうか。
(A) 女性はリラックスすることが必要だ。　　(B) 女性は息を止めなければいけない。
＊男性のtake a deep breath「深呼吸するんだ」から(A)を正解に選べるでしょう。(B)のhold one's breathは「息を止める」という意味です。

10 正解 (B)

☆：Is this map correct? It doesn't seem like we are driving towards the right direction.
★：Don't worry. We are on the right track.
What does the man mean?
(A) They are taking the correct train.　　(B) The map is correct.

☆：この地図は正しいかしら？ 私たち，正しい方角に進んでいるようには思えないわ。
★：大丈夫。僕たちは正しい方向に進んでいるよ。
男性は何を言っているのでしょうか。
(A) 彼らは正しい列車に乗っている。　　(B) 地図は正しい。
＊地図が正しいか心配している女性に，男性がDon't worryと応じていることから(B)が正解です。

7週目 1日　CD 2-17　　　idiom

421	**cut down on ~**	~を減らす
	■ Everyone has to **cut down on** the use of fossil fuels to reduce global warming.	■ 全ての人々は地球温暖化を緩和するために，化石燃料の使用**を減らす**べきだ。

422	**face to face**	面と向かって，向かい合って
	■ I cannot say anything to Tom **face to face**.	■ トムとは**面と向かって**何一つ話ができない。

423	**be aware of ~**	~に気付いている
	■ John **is aware of** our presence.	■ ジョンはわれわれがいることに**気付いている**。

424	**get through ~**	~に合格する，~を終える
	■ Susan couldn't **get through** the driving test. ■ I **got through** my assignment at last.	■ スーザンは運転免許試験に**合格する**ことができなかった。 ■ 私はついに宿題**を終えた**。

425	**give ~ the cold shoulder**	~に冷たくする
	■ When my project failed, everyone in the laboratory **gave** me **the cold shoulder**.	■ 私のプロジェクトが失敗した時，研究室の誰もが私に**冷たくした**。

426	**take down ~**	~を書き留める
	■ One of the secretary's jobs was to **take down** everything that was discussed at a meeting.	■ 秘書の仕事の一つは，会議で話し合われること全て**を書き留める**ことであった。 同 write down ~

427	**run across ~**	~に偶然出会う
	■ Mary **ran across** Tom while walking in the park.	■ メアリーは公園を散歩していてトムに**偶然出会った**。

428	**get rid of ~**	~を取り除く，~を処分する
	■ We should **get rid of** these old-fashioned methods of testing for avian flu.	■ 私たちは，鳥インフルエンザに関する時代遅れの検査方法**を取り除く**べきだ。

WEEK 7

265 — more to go !

429 by accident
- I met an old friend of mine at the station **by accident**.

偶然に
- 偶然にも駅で旧友に出くわした。

430 as yet
- We have heard nothing from Ted **as yet**.

今までのところは
- 今までのところはテッドから便りがない。
- *否定文で用いられる。

431 drop in at [on] ～
- Please **drop in at** my home.

～にちょっと立ち寄る
- わが家にちょっと立ち寄ってください。
- *後に場所が続く場合は at, 人が続く場合は on を用いる。

432 by chance
- He found a new comet **by chance**.

偶然に
- 彼は偶然に新しい彗星を発見した。

433 live up to ～
- Please **live up to** what you have promised.

（期待など）に応える, ～に沿う
- 君は約束したことに応えるようにしなさい。

434 catch up with ～
- You've been absent from school for two weeks. You have to **catch up with** your classmates.

～に追いつく
- 君は学校を2週間休んでいるね。クラスメートに追いつかなくてはね。

435 all day long
- Judy studied trigonometric functions **all day long**.

一日中
- ジュディーは三角関数を一日中勉強した。

Review ①～に夢中になる(408) ②～の身にふりかかる(403) ③努めて～する(399) ④～に同意する(400) ⑤外食をする(404) ⑥～より劣っている(405) ⑦言い訳をする(402) ⑧突然に(398) ⑨～なのでなおさら(…である)(407) ⑩整然と(396) ⑪(～の)あらを探す(401) ⑫共通の(397) ⑬～を中止する(406) ⑭～の世話をする(410) ⑮交代で～をする(409)

7週目 2日 CD 2-18　idiom

436　blow off steam
うっぷんを晴らす，(怒りなどを)発散させる
- It might be better for you to **blow off steam** by playing soccer outside.
- 外でサッカーをしてうっぷんを晴らすのがいいでしょう。

437　look away from ～
～から目をそらす
- The patient **looked away from** the dentist during the operation.
- 患者は手術の間，歯科医から目をそらした。

438　be second to none
誰にも劣らない
- He **is second to none** in chemistry.
- 化学では彼は誰にも劣らない。

439　day and night
昼も夜も
- She has been working on the new project **day and night**.
- 彼女は新しい企画に昼も夜もかかりきりだ。

440　come to the [a] conclusion
結論に達する
- We **came to the conclusion** that his proposition was correct.
- 彼の主張は正しいという結論に達した。

441　make at ～
～に襲いかかる
- The mother hummingbird **made at** a hawk that was threatening its chicks.
- ハチドリの母親はヒナ鳥を脅かしていたタカに襲いかかった。

442　hang up
電話を切る
- He **hung up** after he checked the meeting time.
- 彼は会議の時間を確認した後，電話を切った。

443　come by (～)
～を手に入れる，立ち寄る
- It's hard to **come by** a job with a decent salary.
- Please **come by** and see our director.
- まともな給料をもらえる仕事を手に入れるのは難しい。
- どうぞ立ち寄って監督に会ってください。
- 同 acquire, obtain, get「～を手に入れる」

250 — more to go!

444 set aside ～ 〜を取っておく，〜を蓄える
- Susan **sets aside** half of her salary for her sister.
- スーザンは妹のために，給料の半分を取っておいている。
- 同 put aside ～

445 come true 実現する
- I hope all of your dreams will **come true**.
- あなたの夢が全て**実現**しますように。

446 on (a) par with ～ 〜と同等である
- The technical level of the Asian production is **on a par with** that of the South American production.
- アジア諸国の生産技術レベルは，南米諸国の生産技術レベルと同等である。

447 have difficulty (in) *doing* 〜するのに苦労する
- I **had difficulty in** making up the schedule.
- 予定を立てるのに苦労した。

448 consist of ～ 〜から成る
- The molecule **consists of** particles called atoms.
- 分子は原子と呼ばれる微粒子から成り立つ。
- 同 be composed of ～

449 sooner or later 遅かれ早かれ
- **Sooner or later**, Louis will be elected president of our committee.
- 遅かれ早かれ，ルイスは私たちの委員会の委員長に選出されるだろう。

450 keep on *doing* 〜し続ける
- Professor Smith **kept on** teaching even after the bell rang.
- スミス教授はベルが鳴った後も授業し続けていた。

Review ①〜に冷たくする(425) ②偶然に(432) ③一日中(435) ④今までのところは(430) ⑤面と向かって(422) ⑥〜に気付いている(423) ⑦(期待など)に応える(433) ⑧〜を取り除く(428) ⑨〜に偶然出会う(427) ⑩〜に追いつく(434) ⑪〜にちょっと立ち寄る(431) ⑫〜を書き留める(426) ⑬〜を減らす(421) ⑭〜に合格する(424) ⑮偶然に(429)

7週目 3日 CD 2-19　idiom

451	**make [pull] a face** ■ When Tom saw her, he **made a face**.	顔をしかめる ■ トムは彼女を見ると、顔をしかめた。
452	**get across ～** ■ Susan **got across** the river. ■ His explanation was vague, and he could not **get** his idea **across** to me.	～を渡る、～を分からせる ■ スーザンは川を渡った。 ■ 彼の説明はあいまいで、私に彼の考えを分からせることはできなかった。
453	**for nothing** ■ I cannot believe what Tom did. He gave away his bike **for nothing**!	ただで、無償で ■ 私にはトムのやったことを信じられない。自転車をただで寄付したんだよ！
454	**bread and butter** ■ Working at the library is my **bread and butter**.	生活の糧(かて)、基本的な食べ物 ■ 図書館での仕事が、私の生活の糧です。
455	**as is usual with ～** ■ **As is usual with** Asian cultures, Japanese people respect their elders.	～にはよくあることだが ■ アジアの文化にはよくあることだが、日本人は年長者を尊敬する。
456	**speak ill of ～** ■ Don't **speak ill of** a man behind his back.	～の悪口を言う ■ 陰で人の悪口を言ってはいけません。 反 speak well of ～
457	**fall in with ～** ■ I **fell in with** Kathy after taking a class together. ■ All the committee members **fell in with** the restructuring plan in the end.	～と付き合うようになる、～に同意する ■ 授業を一緒に受けてから、私はキャシーと付き合うようになった。 ■ 委員会のメンバー全員が最終的に再建計画に同意した。
458	**pass away** ■ The former prime minister, who had long been sick, **passed away** this morning.	亡くなる ■ 長期療養を続けていた前首相は、今朝亡くなった。

235 — more to go!

#	英語	日本語
459	**due to ～** ■ **Due to** our busy schedules, we couldn't arrange to meet.	～のために，～の結果 ■ 過密なスケジュールのために，会う段取りを組むことができなかった。
460	**fall behind ～** ■ Henry studied hard not to **fall behind** Ken.	～に遅れを取る，遅れる ■ ヘンリーはケンに遅れを取らないよう一生懸命に勉強した。
461	**break in (～)** ■ Somebody **broke in** during the weekend and stole my textbooks. ■ Don't **break in** while I'm talking. ■ These horses will be easily **broken in**.	押し入る，（話に）割り込む，～を調教する ■ 誰かが週末に押し入って，教科書を盗んでいった。 ■ 私が話しているときに割り込むな。 ■ これらの馬は容易に調教されるだろう。
462	**care for ～** ■ I don't **care for** the new series of experiments. ■ One should **care for** his or her own pet.	～を好む，～の世話をする ■ 私は一連の新しい実験方式を好まない。 ■ 各人が自分のペットの世話をするべきだ。 同 take care of ～「～の世話をする」
463	**conform to ～** ■ It is important that you **conform to** social norms.	（規則や慣習など）に従う ■ 社会規範に従うことは大事だ。 同 obey, follow
464	**to and fro** ■ He has been traveling **to and fro** between the U.S. and Japan on business.	行ったり来たり ■ 彼は仕事で，米国と日本を行ったり来たりしている。
465	**pass for ～** ■ With your knowledge, I think you could **pass for** a professor.	～として通用する ■ 君の知識をもってすれば，教授として通用すると思う。

Review ①昼も夜も（439） ②結論に達する（440） ③誰にも劣らない（438） ④～するのに苦労する（447） ⑤実現する（445） ⑥～と同等である（446） ⑦うっぷんを晴らす（436） ⑧～から目をそらす（437） ⑨～から成る（448） ⑩～を手に入れる（443） ⑪遅かれ早かれ（449） ⑫～に襲いかかる（441） ⑬～を取っておく（444） ⑭電話を切る（442） ⑮～し続ける（450）

7週目 4日 CD 2-20 idiom

466 be pleased at [with] ～
- We are pleased at his promotion.

～を喜んでいる
- 私たちは彼の昇進を喜んでいる。

467 make believe (that) ～
- They made believe that they were sailors.

～のふりをする
- 彼らは船員のふりをした。
- 同 pretend

468 out of the question
- You can't hand in your report after the due date. That's out of the question.

問題外な，不可能な
- レポートを期限後に提出することはできない。それは問題外だ。

469 give out (～)
- Professor King asked Nancy to give out those textbooks.
- The engine of our car gave out when we drove 10,000 miles.

～を配る，動かなくなる
- キング教授はナンシーに，それらのテキストを配るように言った。
- 1万マイル走った時，私たちの車のエンジンが動かなくなった。

470 stand by (～)
- None of his classmates stood by him.
- Highway patrols are standing by in case of emergency.

～を支持する，そばにいる
- 級友の中で彼を支持した者は誰もいなかった。
- ハイウェイ・パトロールは緊急事態に備えて待機している。
- 同 support「～を支持する」

471 take over ～
- Jim is going to take over the duties from the former chairperson.

～を引き継ぐ，～を譲り受ける
- ジムが前議長の職を引き継ぐ予定だ。
- ＊ hostile takeover は「敵対的買収」

472 cut in
- Don't cut in while I'm talking!

割り込む
- 私が話している最中に割り込むな！
- 同 break in

473 at random
- I called up my classmates at random to ask them for help in writing a report.

手当たり次第に，ランダム[無作為]に
- 私はレポートの作成を手伝ってもらうために，手当たり次第にクラスメートに電話した。

#	英熟語	意味・例文
474	**go through ～**	～をよく調べる，(苦難など)を経験する
	■ We have to **go through** the procedure carefully before the new exam. ■ The Pilgrim Fathers **went through** many hardships.	■ 私たちは新しい試験が始まる前に，手続きをくまなく調べなければなりません。 ■ ピルグリム・ファーザーズは多くの困難を経験した。
475	**attend to ～**	～の世話をする
	■ The patient was **attended to** by a kind nurse.	■ 親切な看護師がその患者の世話をした。
476	**neither *A* nor *B***	AもBも～でない
	■ **Neither** Tom **nor** Mary could understand the assignment.	■ トムもメアリーもその課題を理解することができなかった。 ＊neither *A* nor *B* が主語のとき，動詞は *B* の人称・数に一致させる。
477	**see (to it) that ～**	必ず～するように取り計らう，～するよう気をつける
	■ I will **see to it that** everything goes well.	■ 全てが必ずうまくいくように取り計らいます。
478	**prior to ～**	～より前に
	■ **Prior to** the advent of the copier, people had to copy by hand.	■ コピー機が出現する前には，人々は手で書き写さなければならなかった。 同 before
479	**make (both) ends meet**	収支を合わせる
	■ Please don't be lavish. We have to **make both ends meet**.	■ ぜいたくをしないでください。収支を合わせなければいけません。
480	**make head(s) or tail(s) of ～**	(通例 can't, couldn't を伴い否定文で)～を理解する
	■ Could you show me how to solve this equation? I cannot **make heads or tails of** it.	■ この方程式の解き方を教えてくれませんか。私にはそれを理解することができません。

Review ①～の悪口を言う(456) ②～として通用する(465) ③～を好む(462) ④行ったり来たり(464) ⑤～を渡る(452) ⑥～のために(459) ⑦～に遅れを取る(460) ⑧ただで(453) ⑨顔をしかめる(451) ⑩(規則や慣習などに)従う(463) ⑪押し入る(461) ⑫～にはよくあることだが(455) ⑬生活の糧(454) ⑭～と付き合うようになる(457) ⑮亡くなる(458)

colloquial expression

481 not quite — それほどでもない
- ★: You seem to have gotten over your cold.
- ☆: **Not quite**. I'm still fighting it off.

★: 風邪が治ったようだね。
☆: それほどでもないのよ。まだ風邪と戦っているの。

482 a close call — 危機一髪
- ★: Did you see the state baseball championship? Our college can go to the national competition.
- ☆: Yeah, it was **a close call**.

★: 州の野球選手権を見たかい？ 僕たちの大学が全国大会に出られるんだ。
☆: ええ、**危機一髪**だったわね（かろうじて勝ったわね）。

483 down to earth — 現実的な
- ★: I'm applying to NASA to become an astronaut.
- ☆: Before that, why don't you finish your assignment? You should come **down to earth**.

★: NASA（航空宇宙局）に宇宙飛行士の応募をするんだ。
☆: その前に宿題を終わらせなさいよ。もっと**現実的**にならないと駄目よ。

484 be wiped out — 疲れ切っている，全滅する
- ★: What a trail that was up the mountain! I'**m** completely **wiped out**.
- ☆: Stop whining! We have another 5 miles to walk.

★: なんて山道なんだ！ 完全に**疲れ切った**よ。
☆: 泣き言を言わないで！ あと5マイル歩くのよ。

485 drop off 〜 — 〜を提出する
- ★: Oh, there is a campus recruiting next week. I want to **drop off** my résumé.
- ☆: Please don't expect too much. Only a handful of companies will attend.

★: ああ、来週キャンパスで新卒募集があるんだ。履歴書を提出したいな。
☆: あまり期待しない方が良いわよ。ほんの少しの会社しか来ないわよ。

210 — more to go!

486 with strings attached
☆: Hi, Ben. I heard you got a promotion. Congratulations.
★: As a matter of fact, my promotion is **with strings attached**. I have a high sales quota every month.

条件付きで
☆: こんにちは，ベン。昇進したんですってね。おめでとう。
★: 実際には，僕の昇進は**条件付き**なんだ。毎月厳しい販売ノルマがあるんだよ。

487 Need a hand?
☆: It's taking forever to assemble this book case.
★: **Need a hand?**

手伝いましょうか？
☆: この本棚を組み立てるのにすごく時間がかかるわ。
★: 手伝おうか？

488 hit it off well
★: I decided to get married to Joan next month. We've **hit it off well** since I met her last month.
☆: You can say that again! I'm happy for you!

気が合う，仲良くやる
★: ジョアンと来月結婚することになったんだ。先月会って以来，僕たち**気が合って**ね。
☆: その通りね！本当に良かったわね！

489 You can't be serious!
★: I'm really exhausted these days. I'm thinking of quitting the course.
☆: **You can't be serious!** There's only one more test.

冗談でしょう！
★: 最近疲れ切っているんだ。コースを辞めようかと思い始めているんだ。
☆: 冗談でしょう！あと1つテストがあるだけでしょう。

490 follow suit
★: Luke has been burning the midnight oil lately.
☆: Well, he said he wants to establish a new way to rotate motors. Although he doesn't **follow suit**, his spirits are well appreciated.

先例にならう，人のまねをする
★: ルークは近頃夜遅くまで仕事をしているね。
☆: ええ，モーターを回転させる新しい方法を確立したいんですって。彼は**先例にならう**ことはしない人だけれど，彼の精神は賞賛に値するわ。

Review Questions — idiom

空所に最も適切な語句，または下線部と同じ意味の語句を，選択肢から選びましょう．

1 Jim ran _____ Lisa at the library.
(A) over (B) off (C) across (D) by

2 After Emily heard the bad news, she went outside to blow _____ steam.
(A) up (B) at (C) off (D) by

3 If you want to reduce the weight, you should keep _____ every day.
(A) to practice (B) on practice (C) on practicing (D) being practicing

4 A young marathon runner soon fell _____ the leading group.
(A) behind (B) short of (C) for (D) to

5 Jane gave _____ copies of the magazine article to her class.
(A) in (B) out (C) up (D) off

6 His team went _____ many losses, but it finally won the championship.
(A) out (B) into (C) through (D) at

7 We have to get rid of those old machines.
(A) discard (B) buy (C) keep (D) sell

8 It will be hard to come by a new orchid species.
(A) examine (B) come across (C) find (D) acquire

9 Prior to the Industrial Revolution, craftsman could not produce a large amount of products.
(A) Near (B) Because (C) Adjacent to (D) Before

1 正解 (C) **427** run across ~「~に偶然出会う」(→p. 124)

ジムは，図書館でリサと偶然に出会った。

＊(A) run over ~は「（車などで）~をひく」，(B) run offは「走り去る，（水などが）流出する」などの意味があります。

---

2 正解 (C) **436** blow off steam「（怒りなどを）発散させる」(→p. 126)

エミリーはその良くないニュースを聞くと，外に出て憂さを晴らした。

＊(A) blow upは「爆発する」などの意味です。

---

3 正解 (C) **450** keep on doing「~し続ける」(→p. 127)

体重を減らしたいならば，毎日練習し続けなさい。

＊on以下には動名詞が続きます。

---

4 正解 (A) **460** fall behind ~「~に遅れを取る」(→p. 129)

若いマラソン選手は，すぐに先頭集団に遅れを取った。

＊(B) fall short of ~は「（期待などに）~に及ばない」，(C) fall for ~は「~を好きになる」，(D) fall to ~は「（食事など）に取りかかる」などの意味があります。

---

5 正解 (B) **469** give out ~「~を配る」(→p. 130)

ジェーンは，クラスに雑誌の記事のコピーを配布した。

＊(A) give in ~は「~を提出する，降伏する」，(C) give upは「降参する」，(D) give off ~は「（光など）を発する」などの意味があります。

---

6 正解 (C) **474** go through ~「（苦難など）を経験する」(→p. 131)

彼のチームは，多くの負けを経験したが，ついに優勝を勝ち取った。

＊(A) go outは「出かける」，(B) go into ~は「~に入る，~に従事する」，(D) go at ~は「~に飛びかかる，~に取りかかる」などの意味があります。

---

7 正解 (A) **428** get rid of ~「~を処分する」(→p. 124)

私たちは，あれらの古い機械を処分しなければならない。

---

8 正解 (D) **443** come by ~「~を入手する」(→p. 126)

新しいラン科の植物を入手するのは難しいだろう。

＊(B) come across ~は「（偶然）~に出会う」などの意味があります。

---

9 正解 (D) **478** prior to ~「~より前に」(→p. 131)

産業革命以前には，職人達は多くの生産品を作り出すことができなかった。

＊(C) adjacent to ~は「（位置的に）近隣の」という意味です。

Review Questions

colloquial expression

🔘 **CD 2-22~31**　CDを聞き，各質問の答えとして最も適切なものを選びましょう。

1 What does the woman mean?
(A) She has to fight off sleepiness.
(B) She still has a cold.

2 What does the woman say about the baseball game?
(A) Her college baseball team won the game.
(B) She missed the game.

3 What does the woman mean?
(A) The man should think more realistically.
(B) The man is coming back to the Earth.

4 What does the woman mean?
(A) They should keep going.
(B) They should not walk anymore.

5 What does the woman imply?
(A) The man should hand in short résumés.
(B) Only a small number of companies will come.

6 What does the man mean?
(A) He has to pay a 50,000 dollars fine.
(B) He is not completely satisfied with the promotion.

7 What does the man ask?
(A) If the woman needs a hammer.
(B) If the woman needs help.

8 What does the woman mean?
(A) She couldn't hear the man.
(B) The man and his partner are well-suited.

9 What does the woman imply?
(A) The man needs a rest.
(B) The man should reconsider.

10 What does the woman say about Luke?
(A) He has a legal suit against his invention.
(B) He works hard to invent something new.

WEEK 7

1 正解 (B)

★: You seem to have gotten over your cold.
☆: Not quite. I'm still fighting it off.
What does the woman mean?
(A) She has to fight off sleepiness.　　(B) She still has a cold.

　　★:風邪が治ったようだね。
　　☆:それほどでもないのよ。まだ風邪と戦っているの。
　　女性は何を言っているのでしょうか。
　　(A) 彼女は眠気と戦わなければならない。　　(B) 彼女はまだ風邪を引いている。
　　＊男性の「よくなったようだね」という発言にNot quite.「それほどでもない」と答えているので，女性はまだ風邪が治っていません。

2 正解 (A)

★: Did you see the state baseball championship? Our college can go to the national competition.
☆: Yeah, it was a close call.
What does the woman say about the baseball game?
(A) Her college baseball team won the game.
(B) She missed the game.

　　★:州の野球選手権を見たかい？ 僕たちの大学が全国大会に出られるんだ。
　　☆:ええ，危機一髪だったわね（かろうじて勝ったわね）。
　　女性は野球の試合について何と言っているのでしょうか。
　　(A) 彼女の大学の野球チームが勝った。　　(B) 彼女は試合を見逃した。
　　＊a close callは「危機一髪」という意味で，ぎりぎり勝ったことが分かります。

3 正解 (A)

★: I'm applying to NASA to become an astronaut.
☆: Before that, why don't you finish your assignment? You should come down to earth.
What does the woman mean?
(A) The man should think more realistically.
(B) The man is coming back to the Earth.

　　★:NASA（航空宇宙局）に宇宙飛行士の応募をするんだ。
　　☆:その前に宿題を終わらせなさいよ。もっと現実的にならないと駄目よ。
　　女性は何を言っているのでしょうか。
　　(A) 男性はより現実的に考えなければならない。　　(B) 男性は地球に戻ってくる。
　　＊男性は今NASAのメンバーではなく，女性もfinish your assignmentと言っているので(B)は不正解です。

4 正解 (A)

★: What a trail that was up the mountain! I'm completely wiped out.
☆: Stop whining! We have another 5 miles to walk.
What does the woman mean?

(A) They should keep going.　　　　(B) They should not walk anymore.

> ★：なんて山道なんだ！ 完全に疲れ切ったよ。
> ☆：泣き言を言わないで！ あと５マイル歩くのよ。
> 女性は何を言っているのでしょうか。
> (A) 彼らは進み続けなければならない。　　(B) 彼らはこれ以上歩いてはいけない。
> ＊女性が「あと５マイル歩くのよ」と言っているので，正解は(A)です。

---

5 正解 (B)

★：Oh, there is a campus recruiting next week. I want to drop off my résumé.
☆：Please don't expect too much. Only a handful of companies will attend.
What does the woman imply?
(A) The man should hand in short résumés.
(B) Only a small number of companies will come.

> ★：ああ，来週キャンパスで新卒募集があるんだ。履歴書を提出したいな。
> ☆：あまり期待しない方が良いわよ。ほんの少しの会社しか来ないわよ。
> 女性は何を示唆していますか。
> (A) 男性は略式の履歴書を提出すべきだ。　　(B) 少数の会社しか来ないだろう。
> ＊a handful of companies とは「ほんの少しの会社」という意味なので(B)が正解です。

---

6 正解 (B)

☆：Hi, Ben. I heard you got a promotion. Congratulations.
★：As a matter of fact, my promotion is with strings attached. I have a high sales quota every month.
What does the man mean?
(A) He has to pay a 50,000 dollars fine.
(B) He is not completely satisfied with the promotion.

> ☆：こんにちは，ベン。昇進したんですってね。おめでとう。
> ★：実際には，僕の昇進は条件付きなんだ。毎月厳しい販売ノルマがあるんだよ。
> 男性は何を言っているのでしょうか。
> (A) 彼は５万ドルの罰金を払わなければならない。
> (B) 彼は昇進に完全には満足していない。
> ＊厳しい販売ノルマがあるので，それほど満足していない，ということが分かると思います。

---

7 正解 (B)

☆：It's taking forever to assemble this book case.
★：Need a hand?
What does the man ask?
(A) If the woman needs a hammer.　　(B) If the woman needs help.

> ☆：この本棚を組み立てるのにすごく時間がかかるわ。
> ★：手伝おうか？
> 男性は何を聞いているのでしょうか。
> (A) 女性は金づちが必要かどうか。　　(B) 女性は助けが必要かどうか。

＊女性の発言中にある assemble「組み立てる」から (A) の hammer に引っかからないようにしましょう。

---

8 正解 (B)

★：I decided to get married to Joan next month. We've hit it off well since I met her last month.
☆：You can say that again! I'm happy for you!
What does the woman mean?
(A) She couldn't hear the man.　　　　(B) The man and his partner are well-suited.

　★：ジョアンと来月結婚することになったんだ。先月会って以来，僕たち気が合ってね。
　☆：その通りね！ 本当に良かったわね！
　女性は何を言っているのでしょうか。
　(A) 彼女は男性の言ったことが聞こえなかった。　(B) 男性と彼のパートナーはお似合いだ。
　＊女性は I'm happy for you と言っているので，男性の言うことを理解しています。したがって(A)は不正解です。

---

9 正解 (B)

★：I'm really exhausted these days. I'm thinking of quitting the course.
☆：You can't be serious! There's only one more test.
What does the woman imply?
(A) The man needs a rest.　　　　(B) The man should reconsider.

　★：最近疲れ切っているんだ。コースを辞めようかと思い始めているんだ。
　☆：冗談でしょう！　あと1つテストがあるだけでしょう。
　女性は何を示唆していますか。
　(A) 男性は休みが必要だ。　　　(B) 男性は考え直すべきだ。
　＊「辞める」という男性の発言に対して女性は「冗談でしょう」と驚いているので，(B)が正解。

---

10 正解 (B)

★：Luke has been burning the midnight oil lately.
☆：Well, he said he wants to establish a new way to rotate motors. Although he doesn't follow suit, his spirits are well appreciated.
What does the woman say about Luke?
(A) He has a legal suit against his invention.
(B) He works hard to invent something new.

　★：ルークは近頃夜遅くまで仕事をしているね。
　☆：ええ，モーターを回転させる新しい方法を確立したいんですって。彼は先例にならうことはしない人だけれど，彼の精神は賞賛に値するわ。
　女性はルークについて何と言っているのでしょうか。
　(A) 彼の発明に対して訴訟が起きている。
　(B) 彼は一生懸命に新しいものを発明しようと努力している。
　＊ legal suit は「訴訟」の意味です。間違えないようにしましょう。

8週目 1日 CD 2-32　idiom

491　in proportion to ～　～に比例して
- It is necessary that population growth (should) be **in proportion to** the food supply.
- 人口増加は食料供給に**比例する**ことが必要である。

492　be true to ～　～に忠実である
- The movie **is true to** the novel.
- その映画は小説に**忠実**だ。

493　at times　時折
- We get together **at times** to write papers.
- 私たちは**時折**，一緒にレポートを書きます。

494　be cut out for ～　(通例否定文・疑問文で) ～に向いている
- I don't think Bill **is cut out for** medical school.
- ビルが医学部に向いているとは思わない。

495　go without ～　～なしで済ます
- In order to finish the paper, Mary had to **go without** lunch.
- レポートを終わらせるために，メアリーは昼食なしで済ませなければならなかった。
- 同 do without ～

496　comply with ～　～に従う
- You have to **comply with** the school rules.
- 学校の規則に**従わ**なければならない。

497　be amazed at ～　～に驚いている
- We **are** all **amazed at** his progress.
- 私たちはみんな，彼の進歩に驚いている。

498　out of order　故障して
- Sorry, that copy machine is **out of order**.
- すみません，あのコピー機は故障しています。

195 — more to go!

499	**on the whole**	全体的に見て
	■ **On the whole**, the students here are very industrious.	■ 全体的に見て，ここの生徒はとても勉強熱心だよ。 同 in general, by and large

500	**lay off ～**	～を一時解雇する
	■ The diner I'm working for will **lay off** some of its staff.	■ 私が働いている食堂は，何人かの職員を一時解雇する予定だ。 ＊lay off ～は「一時解雇する」という意味だが，現実に職場に復帰できるとは限らない。

501	**be liable to** *do*	～しがちである
	■ Roses **are liable to** wither in a warm room.	■ バラは暖かい部屋ではしおれてしまいがちである。

502	**cry out for ～**	(通例進行形で)～を大いに必要とする
	■ These plants are **crying out for** water.	■ これらの植物は水を大いに必要としている。

503	**by no means**	決して～でない
	■ It is **by no means** a blessing to be able to make clones of ourselves.	■ 自分自身のクローンを作れるということは決して幸福ではない。 同 not at all

504	**put forth ～**	(芽・葉など)を出す，(計画・案)を提言する
	■ In spring, cherry trees **put forth** lovely blossoms. ■ He **put forth** his ideas in the article.	■ 春には，桜の木は美しい花を咲かせる。 ■ 彼は記事の中で彼の考えを提言した。

505	**come up**	取り上げられる，話題に上る
	■ Susan's proposal **came up** at the conference.	■ スーザンの提案が会議で取り上げられた。 ＊多くの意味があるので注意。

Review ①AもBも～でない(476) ②～より前に(478) ③必ず～するように取り計らう(477) ④収支を合わせる(479) ⑤手当たり次第に(473) ⑥～をよく調べる(474) ⑦問題外な(468) ⑧割り込む(472) ⑨～を支持する(470) ⑩～を喜んでいる(466) ⑪～を配る(469) ⑫～の世話をする(475) ⑬～のふりをする(467) ⑭～を理解する(480) ⑮～を引き継ぐ(471)

#	Idiom	Meaning
506	**upside down**	逆さまに，ひっくり返って，めちゃくちゃに
	■ Don't turn the box **upside down**.	■ 箱を逆さまにしないでください。
	■ You turned my room **upside down**!	■ 君は私の部屋をめちゃくちゃにした！
507	**to the point**	的を射た，適切な
	■ Her comment was brief and **to the point**.	■ 彼女のコメントは簡潔で的を射ていた。 反 beside [off] the point, off the mark, wide of [beside] the mark
508	**make arrangements for ～**	～の準備をする
	■ Let's **make arrangements for** the farewell party.	■ 送別会の準備をしましょう。
509	**for the sake of ～**	～のために
	■ The United Nations was established **for the sake of** world peace.	■ 国連は世界平和のために設立された。
510	**ask a favor of ～**	～にお願いをする
	■ As for math, why not **ask a favor of** Ken?	■ 数学に関しては，ケンにお願いをしてはどうですか。 ＊Would you do me a favor? は「お願いがあるのですが」。
511	**no sooner ～ than ...**	～するやいなや…
	■ **No sooner** had he arrived at the airport **than** the plane took off.	■ 彼が空港に到着するやいなや，飛行機は離陸した。 ＊通常過去完了とともに用いられ，no sooner が文頭に置かれた場合は倒置が起こる。
512	**take it for granted (that) ～**	～を当然のことと思う
	■ Jim **took it for granted that** his plan would be accepted. But in fact, it was rejected.	■ ジムは彼の計画が受け入れられるのを当然のことと思っていた。しかし実際には，それは却下された。
513	**be confident of ～**	～を確信している
	■ Sue **was confident of** making a good speech at the contest.	■ スーはコンテストで良いスピーチをすることを確信していた。

180 — more to go!

514	**in a nutshell**	簡潔に言えば，手短に言えば
	■ <u>In a nutshell</u>, if you really want to be the best, you'll just have to work harder.	■ 簡潔に言えば，君が本当に1番になりたいのなら，もっと頑張らなければならない。

515	**no less than ～**	（数・量の大きさを強調して）～もの
	■ The project required <u>no less than</u> one billion dollars.	■ そのプロジェクトは10億ドル**もの**大金を必要とした。

516	**prefer _A_ to _B_**	BよりAを好む
	■ I <u>prefer</u> economics <u>to</u> math.	■ 私は数学より経済学を好む。

517	**beside [off] the point**	要点を外れた，的外れの
	■ His lecture was <u>beside the point</u>.	■ 彼の講義は要点から外れていた。 同 off the mark, wide of [beside] the mark 反 to the point

518	**as long as ～**	～する限りは，～の間は
	■ You can use my pen <u>as long as</u> you return it. ■ <u>As long as</u> you stay here, do not forget to pay your share of the rent.	■ 返してくれる**限りは**，私のペンを使ってもいいよ。 ■ 君がここにいる**間は**，自分の分の家賃を支払うことを忘れないように。

519	**in person**	自ら，本人が
	■ I am grateful that you came here <u>in person</u>.	■ あなた自らここに来られたことに感謝しています。

520	**be contrary to ～**	～と反対である
	■ His true character **is** very <u>contrary to</u> what the teachers think.	■ 彼の真の性格は先生方が考えているのと全く反対である。

Review ①～に驚いている（497）②全体的に見て（499）③～に従う（496）④～しがちである（501）⑤～に忠実である（492）⑥決して～でない（503）⑦～なしで済ます（495）⑧～に比例して（491）⑨故障して（498）⑩取り上げられる（505）⑪時折（493）⑫～を大いに必要とする（502）⑬（芽・葉など）を出す（504）⑭～に向いている（494）⑮～を一時解雇する（500）

8 週目 3 日 CD 2-34　idiom

521 ☐	**because of ~** ■ Bostonians got angry **because of** the Tea Act.	～のために，～が原因で ■ ボストン市民は茶条例のために憤慨した。 同 on account of ～
522 ☐	**for keeps** ■ I want to have this memento **for keeps**.	いつまでも，永久に ■ いつまでもこの思い出を持っていたい。 同 for good
523 ☐	**participate in ~** ■ You are supposed to **participate in** this hockey tournament.	～に参加する ■ 君はこのホッケートーナメントに参加することになっているよ。
524 ☐	**on the tip of** *one's* **tongue** ■ I know him. His name is **on the tip of my tongue**, but I just can't remember it.	のどまで出かかっていて（思い出せない） ■ 彼を知っている。彼の名前はのどまで出かかっているんだが，思い出せない。
525 ☐	**distinguish *A* from *B*** ■ It's pretty difficult for me to **distinguish** real dollar bills **from** fake ones.	ＡとＢとを区別する ■ 私には本物のドル紙幣と偽物とを区別するのが本当に難しい。
526 ☐	**take charge of ~** ■ Tom will **take charge of** the office while his boss is away on a business trip.	～を管理する，～を世話する ■ トムは上司が出張で不在の間，オフィスを管理するだろう。
527 ☐	**refrain from ~** ■ He did not **refrain from** chatting in the class.	～を控える，～を我慢する ■ 彼は授業中におしゃべりを控えることはなかった。
528 ☐	**a man of his word** ■ I believe in Tom. He is **a man of his word**.	約束を守る人 ■ 私はトムを信用している。彼は約束を守る人間だ。 ＊女性の場合は a woman of her word を用いる。

WEEK 8

165 — more to go!

#	見出し	例文	意味
529	**at work**	・When you called me, I was **at work**. ・It is important to identify the specific enzyme **at work** in producing this substance.	仕事をして，作用して ・君が電話をくれた時，私は**仕事**をしていた。 ・この成分を作り出すのに**作用する**特有の酵素を特定することが重要だ。
530	**something of ～**	・He is **something of** a musician.	ちょっとした～ ・彼は**ちょっとした**ミュージシャンです。
531	**for *one's* age**	・Jim looks young **for his age**.	年の割に ・ジムは**年の割に**若く見える。
532	**out of shape**	・I don't think I can run a full marathon. I'm **out of shape**.	体がなまって ・私はフルマラソンを走れると思わない。私は**体がなまっている**。 反 in good shape
533	**deal with ～**	・Archaeology (Archeology) **deals with** ancient artifacts. ・Sam has **dealt with** that supplier for ten years.	～を扱う，～と取引する ・考古学は古代の遺物を**扱う**。 ・サムはあの供給業者と10年間，**取引している**。
534	**make [pull] a long face**	・When our team lost the game 5 to 4, our captain **made a long face**.	がっかりした顔をする ・私たちのチームが 5 対 4 で試合に負けた時，キャプテンは**がっかりした顔をした**。
535	**bear ～ in mind**	・**Bear** this failure **in mind**. Don't fail the examination next time.	～を心に留める ・この失敗を**心に留めて**おきなさい。次の試験では失敗しないように。 同 keep ～ in mind

Review ①自ら (519) ②～する限りは (518) ③簡潔に言えば (514) ④要点を外れた (517) ⑤的を射た (507) ⑥(数・量の大きさを強調して)～もの (515) ⑦～するやいなや… (511) ⑧～のために (509) ⑨～にお願いをする (510) ⑩BよりAを好む (516) ⑪～を当然のことと思う (512) ⑫逆さまに (506) ⑬～を確信している (513) ⑭～と反対である (520) ⑮～の準備をする (508)

8週目 4日 CD 2-35　idiom

536 for instance
- Some substances here are combustible. **For instance**, you can light this magnesium plate.

例えば
- ここにあるいくつかの物質は可燃性です。**例えば**，このマグネシウムの板は燃やすことができます。
- 同 for example

537 come to terms with ～
- The United Nations **came to terms with** peaceful uses of nuclear energy.

～について合意に達する，～について折り合う
- 国連は，核エネルギーの平和利用について合意に達した。
- ＊受け身は不可。

538 by degrees
- The air pollution has undermined our health **by degrees**.

徐々に，だんだん
- 大気汚染は**徐々に**私たちの健康をむしばんでいる。
- 同 gradually, little by little

539 in the end
- **In the end**, I was able to finish the assignment by 5 o'clock in the morning.

結局，ついに，とうとう
- **結局**，私は宿題を朝の5時までに終わらせることができた。

540 take care of ～
- Please **take care of** grading the final papers.
- My father **took care of** my dog while I was away.

～の担当をする，～の世話をする
- 期末試験のレポートの採点を**担当してください**。
- 父は私の留守の間，私の犬**の世話をしてくれた**。
- 同 look after ～「～の世話をする」

541 run away (from ～)
- Jim **ran away from** home because his parents fought about his poor grades at school.

(～から)逃げる
- ジムは，両親が彼の学校でのひどい成績について言い争っていたので，家**から逃げ出した**。

542 in private
- I would like to discuss this matter with you **in private**.

内密に
- この件について，あなたと**内密に**話をしたいのですが。
- 反 in public

543 for good
- She left home **for good**.

永久に
- 彼女は**永久に**家に帰らなかった。
- 同 for keeps

150 more to go!

544 in vain
無駄に（終わる）
- His efforts to restore the OS were **in vain**.
- 彼のオペレーティングシステムを復旧させようという努力は，無駄に終わった。

545 through [by] word of mouth
口コミで
- The shop sold hundreds of new cosmetics **through word of mouth**.
- その店は口コミで，多くの新しい化粧品を売り上げた。

546 bring out ～
～を引き出す，～を出版する
- Efforts will **bring out** your potential.
- I'm going to **bring out** new textbooks.
- 努力は潜在能力を引き出す。
- 私は新しいテキストを出版するつもりだ。

547 on and off
時折，断続的に
- Last night, it snowed **on and off**.
- 昨夜は時折雪が降った。

548 by the time ～
～する時までに
- Try to finish **by the time** I'm back.
- 私が戻ってくる時までに終えるように。

549 put out ～
（電灯など）を消す，～を生産する
- Please don't forget to **put out** the lights.
- Many computer companies **put out** an increased number of units last year.
- 電灯を消すのを忘れないでください。
- 昨年は多くのコンピューター会社がより多くの製品を生産した。

550 be derived from ～
～に由来する，～から派生している
- This word **is derived from** French.
- この単語はフランス語に由来する。
- 同 come from ～, stem from ～

Review ①約束を守る人(528) ②AとBとを区別する(525) ③～に参加する(523) ④～を扱う(533) ⑤いつまでも(522) ⑥のどまで出かかっていて(思い出せない)(524) ⑦体がなまって(532) ⑧ちょっとした～(530) ⑨～を心に留める(535) ⑩年の割に(531) ⑪仕事をして(529) ⑫～のために(521) ⑬～を控える(527) ⑭～を管理する(526) ⑮がっかりした顔をする(534)

8週目 5日 CD 2-36　colloquial expression

551　give ～ a hand　～に手を貸す，～の手助けをする

- ☆ : I bought too many groceries. Could you give me a hand?
- ★ : Sure thing. I'm on my way to the parking lot.

- ☆ : 食料品をたくさん買い過ぎたわ。**手を貸してくれない？**
- ★ : もちろんだよ。今，駐車場に向かっているところなんだ。

552　care to *do*　～したい気がする

- ★ : I've been cramming in the library. I want to go on vacation.
- ☆ : Yes, we have quite a heavy reading assignment. I'd actually care to continue it, though.

- ★ : このところ図書館に缶詰だよ。休暇に出かけたいな。
- ☆ : そうね，私たちかなり大変な読書課題があるものね。でも，私は続けたい気がするけど。

553　think twice　慎重に考える，熟慮する

- ★ : Should I attend the ceremony?
- ☆ : Why are you thinking twice? It's your brother's graduation ceremony.

- ★ : 式に出なければならないの？
- ☆ : 何で慎重に考えているの？ あなたの兄弟の卒業式でしょ。

554　have a good talk　楽しく話す

- ☆ : Let's go to the student union party. The drinks are free and we can have a good talk.
- ★ : No way. I have to hit the books.

- ☆ : 学生自治会のパーティーに行きましょうよ。飲み物はただし，楽しくお話ができるわよ。
- ★ : 冗談だろ。勉強しなければいけないんだ。

555　give as good as *one* gets　(相手に)負けずにやり返す

- ★ : William said too much to Jane!
- ☆ : She argued him into silence. She gave as good as she got.

- ★ : ウィリアムはジェーンに言い過ぎだったよ！
- ☆ : 彼女は彼を黙らせたわ。**負けずにやり返した**のよ。

140 more to go!

556 have a point
一理ある

★: Our budget for this brochure is pretty limited. We should cut some of the unnecessary pages.
☆: You **have a point**.

★: パンフレットの予算がかなり限られている。必要のないページをいくつか削らなくちゃ。
☆: **一理ある**わね。

557 be up to *one's* ears in ～
～で忙しい，～で身動きできない

★: Won't you come to the party tonight?
☆: I'm **up to my ears in** the preparation for the presentation. Sorry, but I'll have to take a rain check.

★: 今夜パーティーに来られないかい？
☆: プレゼンテーションの準備で**忙しい**の。ごめんなさい。また今度にするわ。

558 look [feel] blue
憂うつそうに見える[憂うつである]

★: Hi, Janet. What's up? You **look blue**.
☆: Nothing. I just got a "C" in math.

★: ジャネット、どうしたんだい。**憂うつそうだ**。
☆: 何でもないの。数学でCを取っただけよ。

559 snap out of ～
～から気持ちを切り替える，～から立ち直る

☆: I can't stop thinking about our trip to Italy.
★: Me, neither. But final exams are coming. We have to **snap out of** it.

☆: イタリア旅行のことを考えるのをやめられないわ。
★: 僕もだよ。でも期末試験が迫っているよ。**気持ちを切り替え**なきゃね。

560 off the mark
的を外れて

☆: Your paper was well-outlined except the conclusion was **off the mark**.
★: Is it still possible to rewrite the paper?

☆: あなたのレポートは、アウトラインはしっかりしているわ。でも、結論が**的外れ**です。
★: まだ書き直すことはできますか？
同 beside [off] the point, wide of [beside] the mark
反 to the point

149

Review Questions   idiom

空所に最も適切な語句，または下線部と同じ意味の語句を，選択肢から選びましょう．

1 All the companies need to _____ the environmental regulations.
(A) be compiled with (B) call off
(C) comply with (D) come across with

2 Toddlers are liable _____ put whatever they see in their mouth.
(A) with (B) by (C) for (D) to

3 We should not take it _____ that nature is abundant.
(A) necessary (B) forgetful (C) for granted (D) easy

4 Many people have participated _____ the "clean-the-river" project.
(A) at (B) for (C) with (D) in

5 Can you distinguish new eggs _____ old ones?
(A) with (B) than (C) from (D) between

6 Parents should refrain _____ quarreling in front of their children.
(A) from (B) toward (C) by (D) against

7 Both companies came to terms _____ the bleak situation.
(A) for (B) at (C) with (D) by

8 Kathy always makes the things clear and her explanations are to the point.
(A) direct (B) appropriate (C) indifferent (D) useful

9 Please come in person and discuss the matter.
(A) personally (B) together (C) across (D) by chance

10 They stopped producing incandescent lamps for good.
(A) intermittently (B) for keeps (C) so few (D) for all

WEEK 8

1 正解 (C) **496** comply with ～「～に従う」（→p. 140）
すべての会社は，環境規則に従う必要がある。
＊(A) be compiled with ～は「～を元にしてまとめられる」，(B) call off ～は「～を中止する」，(D) come across with ～は「～と出会う」などの意味があります。

2 正解 (D) **501** be liable to do「～しがちである」（→p. 141）
幼児は，目に見えたものを何でも口に入れがちだ。

3 正解 (C) **512** take it for granted (that) ～「～を当然のことと思う」（→p. 142）
私たちは，自然が豊富だと当たり前のように考えてはいけない。

4 正解 (D) **523** participate in ～「～に参加する」（→p. 144）
多くの人々が，「河川を掃除しよう」運動に参加している。

5 正解 (C) **525** distinguish A from B「AとBとを区別する」（→p. 144）
あなたは，新しい卵と古い卵を見分けることができますか。

6 正解 (A) **527** refrain from ～「～を控える」（→p. 144）
両親は，子どもの前で口喧嘩することを控えなければならない。

7 正解 (C) **537** come to terms with ～「～について折り合う」（→p. 146）
両社は，厳しい状況について折り合いをつけた。

8 正解 (B) **507** to the point「的を射た」（→p. 142）
キャシーは，いつも物事を明快にしていて，彼女の説明は的を射ている。
＊(C) indifferentは「無関心で，冷淡で」などの意味です。

9 正解 (A) **519** in person「本人が」（→p. 143）
ご本人がいらしてください。そして，そのことについて討議しましょう。
＊(B) come togetherは「一緒になる，協力する，団結する」，(C) come across ～は「（偶然）～に出会う，（考えなどが）頭に浮かぶ」，(D) by chanceは「偶然に」などの意味があります。

10 正解 (B) **543** for good「永久に」（→p. 146）
彼らは，白熱灯の生産を永久に中止した。
＊(A) intermittentlyは「断続的に」，(D) for allは「～にもかかわらず」などの意味があります。

Review Questions

colloquial expression

🎧 CD **2-37~46**　CDを聞き，各質問の答えとして最も適切なものを選びましょう。

1 What does the man mean?
(A) He can help the woman.
(B) He is going to the different direction.

2 What does the woman mean?
(A) She wants to take a vacation.
(B) She wants to do her homework.

3 What does the woman mean?
(A) The man should not reconsider.
(B) The man has to buy formal wear.

4 What does the man mean?
(A) He will bring books to the party.
(B) He won't be able to attend the party.

5 What does the woman say about Jane?
(A) She was nice to William.
(B) She won the argument.

6 What does the woman mean?
(A) She agrees with the man.
(B) She will make an appointment.

7 What does the woman mean?
(A) She won't attend the party because of the bad weather.
(B) She won't be able to attend the party because of her work.

8 What does the woman mean?
(A) Nothing happened.
(B) She is upset.

9 What does the man mean?
(A) They should concentrate on the final exams.
(B) They have to plan out their trip carefully.

10 What does the man imply about his paper?
(A) He doesn't have time to rewrite the paper.
(B) He wants to improve the paper.

WEEK 8

1 正解 (A)

☆ : I bought too many groceries. Could you give me a hand?
★ : Sure thing. I'm on my way to the parking lot.
What does the man mean?
(A) He can help the woman.　　　(B) He is going to the different direction.

> ☆ : 食料品をたくさん買い過ぎたわ。手を貸してくれない？
> ★ : もちろんだよ。今，駐車場に向かっているところなんだ。
> 男性は何を言っているのでしょうか。
> (A) 彼は女性を手伝うことができる。　　(B) 彼は違う方向に行こうとしている。
> ＊男性は Sure thing. と言っているので，女性の手伝いをすることが分かります。

2 正解 (B)

★ : I've been cramming in the library. I want to go on vacation.
☆ : Yes, we have quite a heavy reading assignment. I'd actually care to continue it, though.
What does the woman mean?
(A) She wants to take a vacation.　　　(B) She wants to do her homework.

> ★ : このところ図書館に缶詰だよ。休暇に出かけたいな。
> ☆ : そうね，私たちかなり大変な読書課題があるものね。でも，私は続けたい気がするけど。
> 女性は何を言っているのでしょうか。
> (A) 彼女は休暇を取りたい。　　(B) 彼女は自分の宿題をしたい。
> ＊「休暇に出かけたい」と言う男性に対し，女性は同意しつつも勉強を続けたいと言っています。

3 正解 (A)

★ : Should I attend the ceremony?
☆ : Why are you thinking twice? It's your brother's graduation ceremony.
What does the woman mean?
(A) The man should not reconsider.　　　(B) The man has to buy formal wear.

> ★ : 式に出なければならないの？
> ☆ : 何で慎重に考えているの？ あなたの兄弟の卒業式でしょ。
> 女性は何を言っているのでしょうか。
> (A) 男性は考え直すべきではない。　　(B) 男性は礼服を買わなければならない。
> ＊think twice で「慎重に考える」という意味なので，正解は(A)です。

4 正解 (B)

☆ : Let's go to the student union party. The drinks are free and we can have a good talk.
★ : No way. I have to hit the books.
What does the man mean?
(A) He will bring books to the party.　　　(B) He won't be able to attend the party.

> ☆ : 学生自治会のパーティーに行きましょうよ。飲み物はただだし，楽しくお話ができるわよ。

★：冗談だろ。勉強しなければいけないんだ。
男性は何を言っているのでしょうか。
(A) 彼は本をパーティーに持って行くつもりだ。
(B) 彼はパーティーには参加できないだろう。
＊ hit the books は「一生懸命に勉強する」という意味です。

5 正解 (B)

★：William said too much to Jane!
☆：She argued him into silence. She gave as good as she got.
What does the woman say about Jane?
(A) She was nice to William.　　(B) She won the argument.

★：ウィリアムはジェーンに言い過ぎだったよ！
☆：彼女は彼を黙らせたわ。負けずにやり返したのよ。
女性はジェーンについて何と言っているのでしょうか。
(A) 彼女はウィリアムに優しかった。　(B) 彼女は議論に勝った。
＊ give as good as one gets で「負けずにやり返す」という意味。女性の発言の冒頭からも、ジェーンが議論に勝ったことが分かる。

6 正解 (A)

★：Our budget for this brochure is pretty limited. We should cut some of the unnecessary pages.
☆：You have a point.
What does the woman mean?
(A) She agrees with the man.　　(B) She will make an appointment.

★：パンフレットの予算がかなり限られている。必要のないページをいくつか削らなくちゃ。
☆：一理あるわね。
女性は何を言っているのでしょうか。
(A) 彼女は男性に賛成している。　(B) 彼女は予約を取るつもりだ。
＊ You have a point. の a point を appoint と聞き間違えないようにしましょう。

7 正解 (B)

★：Won't you come to the party tonight?
☆：I'm up to my ears in the preparation for the presentation. Sorry, but I'll have to take a rain check.
What does the woman mean?
(A) She won't attend the party because of the bad weather.
(B) She won't be able to attend the party because of her work.

★：今夜パーティーに来られないかい？
☆：プレゼンテーションの準備で忙しいの。ごめんなさい。また今度にするわ。
女性は何を言っているのでしょうか。
(A) 彼女は悪天候のためパーティーに出られない。
(B) 彼女は仕事のためパーティーに出られない。
＊ be up to one's ears in ～で「～で忙しい」という意味。パーティーに出られないのは、プレゼン

の準備で忙しいからだと言っています。

---

8 正解 (B)

★: Hi, Janet. What's up? You look blue.
☆: Nothing. I just got a "C" in math.
What does the woman mean?
(A) Nothing happened.　　　　　(B) She is upset.

★: ジャネット，どうしたんだい。憂うつそうだ。
☆: 何でもないの。数学でCを取っただけよ。
女性は何を言っているのでしょうか。
(A) 何も起こっていない。　　　　(B) 彼女ががっかりしている。
＊男性の問いかけに女性はNothing.と答えていますが，その後の「Cを取った」という発言から，彼女ががっかりしているのが分かります。

---

9 正解 (A)

☆: I can't stop thinking about our trip to Italy.
★: Me, neither. But final exams are coming. We have to snap out of it.
What does the man mean?
(A) They should concentrate on the final exams.
(B) They have to plan out their trip carefully.

☆: イタリア旅行のことを考えるのをやめられないわ。
★: 僕もだよ。でも期末試験が迫っているよ。気持ちを切り替えなきゃね。
男性は何を言っているのでしょうか。
(A) 彼らは期末試験に集中すべきだ。
(B) 彼らは旅行の予定を注意深く立てなくてはならない。
＊snap out of itとは，ここでは「旅行から気持ちを切り替える」という意味なので，正解は(A)です。

---

10 正解 (B)

☆: Your paper was well-outlined except the conclusion was off the mark.
★: Is it still possible to rewrite the paper?
What does the man imply about his paper?
(A) He doesn't have time to rewrite the paper.
(B) He wants to improve the paper.

☆: あなたのレポートは，アウトラインはしっかりしているわ。でも，結論が的外れです。
★: まだ書き直すことはできますか？
男性は彼のレポートについて何と言っているのでしょうか。
(A) 彼はレポートを書き直す時間がない。　(B) 彼はレポートを改善したい。
＊男性の発言から，レポートを書き直したいと分かります。

#	Idiom	Meaning
561	**on the contrary** ■ At first I thought Ted was clumsy; <u>on the contrary</u>, he was able to fix my car.	それどころか，まるで反対で ■ 最初テッドは不器用だと思っていたが，それどころか，彼は私の車を直してくれた。
562	**die away** ■ The strong wind <u>died away</u>.	徐々になくなる，消えてゆく ■ 強風が徐々になくなった。
563	**give birth to ～** ■ The panda <u>gave birth to</u> a second male last night.	～を産む ■ パンダは昨夜，2頭目のオスを産んだ。
564	**depend on ～** ■ I don't mind whether we eat out or not. It <u>depends on</u> you.	～次第である ■ 外食しようがしまいがどちらでもいいよ。君次第だよ。
565	**go too far** ■ Don't be ridiculous! That's <u>going too far</u>!	度が過ぎる ■ そんなばかなことをするなよ！ それは度が過ぎているよ！
566	**in effect** ■ What you invented was, <u>in effect</u>, useless to our lab work. ■ This law has been <u>in effect</u> since 1959.	事実上，有効で ■ 君が発明したものは，事実上，われわれの研究には役に立たないものだった。 ■ この法律は1959年以来有効である。
567	**be acquainted with ～** ■ He <u>was acquainted with</u> the new technology.	～に精通している ■ 彼はその新技術に精通していた。
568	**go a long way (to [toward] ～)** ■ Effective study methods will <u>go a long way to</u> helping you graduate.	(～に)大いに役立つ ■ 効率的な勉強方法が，卒業するのに大いに役立つでしょう。 反 go a little way to ～

125 — more to go!

569 to some [a certain] extent — ある程度は
- What he told us seems to be true <u>to some extent</u>.
- 彼がわれわれに話したことは，**ある程度は**本当のようだ。

570 work out — うまくいく，いい結果になる
- Your efforts are admirable. I believe things will <u>work out</u> well.
- 君の努力は称賛に値する。**うまくいく**と信じているよ。

571 it is about [high] time ～ — そろそろ～してもいいころだ
- <u>It's about time</u> you saw Professor Edison, isn't it?
- **そろそろ**エディソン教授に会いに行ってもいいころだよね。
- ＊it is about time に続く節は過去形を用いる。

572 by means of ～ — ～を用いて，～の助けで
- Tom wrote the assignment <u>by means of</u> an online word processor.
- トムはオンライン上のワープロソフト**を用いて**宿題を書き上げた。

573 think nothing of ～ — ～を苦にしない，何とも思わない
- He <u>thought nothing of</u> studying 12 hours a day.
- 彼は，1日12時間勉強をするのを**苦にしなかった**。

574 figure out ～ — ～を理解する
- I can't <u>figure out</u> what she said.
- 私は彼女の言ったこと**を理解する**ことができない。

575 lose *one's* temper — 腹を立てる
- After the heated discussion, Nancy <u>lost her temper</u> and went home.
- 激論の後で，ナンシーは**腹を立てて**家へ帰ってしまった。
- 反 keep *one's* temper

Review ①～を引き出す（546）②～する時までに（548）③～に由来する（550）④（電灯など）を消す（549）⑤内密に（542）⑥例えば（536）⑦結局（539）⑧（～から）逃げる（541）⑨口コミで（545）⑩～について合意に達する（537）⑪徐々に（538）⑫無駄に（終わる）（544）⑬～の担当をする（540）⑭時折（547）⑮永久に（543）

9週目 2日 CD 2-48 idiom

576	**get in touch with ~**	~に連絡を取る
	■ Let's get in touch with him.	■ 彼に連絡を取ろう。
		* keep in touch with ~ は「~と連絡を保つ」。

577	**make good**	うまくやる，成功する，(約束を)果たす
	■ My brother will make good, I promise you. He's a genius.	■ 兄はきっとうまくやるよ。保証する。彼は天才なんだ。
	■ Jim made good on his promise.	■ ジムは約束を果たした。
		同 succeed「成功する」

578	**be free from ~**	(苦痛など)がない
	■ With this medicine, you will be free from pain for three hours.	■ この薬を使えば，3時間は痛みがないでしょう。

579	**drop out**	中途退学する
	■ Tim dropped out of school after just one semester.	■ ティムは，たった1学期で中途退学した。

580	**hang on**	頑張る，(電話などを切らないで)待つ
	■ You should hang on and never give up!	■ 頑張ってください，あきらめないで！
	■ Hang on, please. A staff member will be with you right away.	■ 切らないでお待ちください。スタッフがすぐに応対いたします。

581	**keep *one's* word**	約束を守る
	■ Jack is a good person. He always keeps his word.	■ ジャックはいいやつだ。いつも約束を守る。
		* He is a man of his word. は「彼は約束を守る男だ」。

582	**be beneficial to ~**	~に有益である
	■ Professor Smith's study is beneficial to the upcoming era.	■ スミス教授の研究は，これからの時代に有益である。

583	**be good at ~**	~が得意である，~が上手である
	■ Jim was good at math.	■ ジムは数学が得意であった。
		反 be bad at ~，be poor at ~

WEEK 9

110 — more to go!

584 save *one's* breath
- **Save your breath**. No one is listening to you.

（言っても無駄なので）黙っている
- 黙っていなさい。誰も君の言うことなんか聞いていないよ。

585 complain about ～
- Don't **complain about** the curriculum so much. It's well designed.

～について不平を言う
- あまりカリキュラムについて不平を言うよ。良くできているよ。

586 pay attention to ～
- You have to **pay attention to** what the teacher says. He is very stringent.

～に注意を払う
- 先生の言うことに注意を払わなければいけません。彼はとても厳格な方です。

587 run out of ～
- We **ran out of** funds to construct a new auditorium.

～を使い果たす
- 私たちは新しい公会堂を建設する資金を使い果たした。

588 be engaged in ～
- The policemen have **been engaged in** a secret mission.

～に従事している
- その警官たちは極秘の使命に従事している。

589 beat around the bush
- If you want to study abroad, don't **beat around the bush**. You should say so.

（主に否定文で）遠回しに言う
- もし留学したいなら、遠回しに言うのはやめなさい。そう言えば良い。
- 反 come to the point

590 day after day
- Mary called up Tom **day after day** to get help with her assignments.

来る日も来る日も，毎日
- 宿題を手伝ってもらうために，メアリーはトムに来る日も来る日も電話した。

Review ①腹を立てる(575) ②～に精通している(567) ③～次第である(564) ④うまくいく(570) ⑤～を産む(563) ⑥そろそろ～してもいいころだ(571) ⑦(～に)大いに役立つ(568) ⑧それどころか(561) ⑨徐々になくなる(562) ⑩ある程度は(569) ⑪事実上(566) ⑫度が過ぎる(565) ⑬～を理解する(574) ⑭～を用いて(572) ⑮～を苦にしない(573)

9週目 3日 CD 2-49　idiom

591 by virtue of ~
- Jim's business made a big fortune **by virtue of** the boom.

~のおかげで，~という理由で，~の力で
- ジムの事業は好況のおかげで大きな富を生んだ。
- 同 because of ~

592 in practice
- Your invention was great; however, it did not work well **in practice**.

実際には
- 君の発明は素晴らしいものだったが，実際にはうまく機能しなかった。

593 so ~ as to do
- Mary was **so** kind **as to** give me a copy of her notes.

~にも…する
- メアリーは親切にもノートのコピーを私にくれた。

594 leave out ~
- My classmates **left out** my opinion on our joint essay.
- Mary tried not to **leave out** important information in her report.

~を無視する，~を抜かす
- クラスメートは共同の論文についての私の意見を無視した。
- メアリーはレポートの中で，重要な情報を抜かさないように努めた。

595 as it is
- You have to accept the situation **as it is**.

あるがままに
- 君はその状況をあるがままに受け入れなければならない。
- ＊単複，時制によって表現が変わるので注意。
　例：You had to accept situations as they were.

596 if it had not been for ~
- **If it had not been for** his advice, our plan would have failed.

~がなかったら
- もし彼のアドバイスがなかったら，私たちの計画は失敗していたでしょう。
- ＊現在のことを述べる場合は，if it were not for ~を用いる。

597 in charge of ~
- A young, competent doctor was **in charge of** the operation.

~を担当して
- 若い優秀な医者が手術を担当した。

598 run down
- The river **runs down** to the Pacific Ocean.
- The battery of my cell phone is **running down**.

流れ落ちる，（バッテリーなどが）切れる
- その川は太平洋へと流れている。
- 携帯電話のバッテリーが切れそうだ。
- ＊多くの意味があるので注意。

95 — more to go!

#	Phrase / Example	Meaning / Translation
599	**subscribe to ~** ■ I **subscribe to** two English language papers. ■ Professor Thompson was kind enough to **subscribe to** our charity concert.	～を購読する，～に寄付する ■ 私は英字新聞2紙を購読している。 ■ トンプソン教授は，親切にも私たちのチャリティーコンサートに寄付をした。
600	**not always ~** ■ The poor are **not always** miserable.	いつも～とは限らない ■ 貧しい人がいつも惨めとは限らない。
601	**do ~ good** ■ It will **do** him **good** to work in a foreign country.	～のためになる ■ 外国で働くことは彼のためになるでしょう。 ＊It は仮主語。to以下の内容を表している。
602	**want for ~** ■ Thanks to our pensions, we've never **wanted for** money.	～が足りない，～に欠ける ■ 年金のおかげで，お金が足りなくなったことがない。
603	**burn the midnight oil** ■ Sam has been **burning the midnight oil** to finish his bio report.	夜遅くまで勉強する ■ サムは，生物学のレポートを仕上げるために夜遅くまで勉強している。
604	**break down (~)** ■ This machine **broke down**. ■ Could you **break down** these specimens into groups?	壊れる，故障する，～を分類する ■ この機械は壊れた。 ■ これらの標本を分類してくれませんか。
605	**fall short of ~** ■ The budget for the new project **fell short of** what we had requested.	～に達しない，～が足りない ■ 新プロジェクトの予算は，私たちが要求した額に達しなかった。

Review ①(言っても無駄なので)黙っている(584) ②来る日も来る日も(590) ③うまくやる(577) ④～を使い果たす(587) ⑤約束を守る(581) ⑥中途退学する(579) ⑦～に連絡を取る(576) ⑧遠回しに言う(589) ⑨～に従事している(588) ⑩～について不平を言う(585) ⑪～に注意を払う(586) ⑫～に有益である(582) ⑬(苦痛など)がない(578) ⑭～が得意である(583) ⑮頑張る(580)

idiom

606 in the air — (うわさなどが)広まって
- There's a rumor **in the air** that I got the job.
- 私が就職したといううわさが**広まっている**。

607 make efforts — 努力する
- Many politicians and bureaucrats are **making efforts** to establish a balanced budget.
- 多くの政治家や官僚たちは，均衡予算を編成しようと**努力している**。

608 off duty — 非番で，勤務時間外で
- Let's go out for dinner tonight. I'm **off duty**.
- 夕食に出かけよう。今夜は**非番**なんだ。
- 反 on duty

609 from time to time — 時々
- You can see Japanese cranes in this field **from time to time**.
- この平原では**時々**，日本のツルを見ることができる。

610 clear up — 晴れ上がる
- What a nice day! It has **cleared up**. I don't want to stay in the lab today.
- なんて素晴らしい日なんだ！ **晴れ上がった**よ。今日は実験室に閉じこもっていたくないな。

611 be proficient in 〜 — 〜に熟達している
- Susan **is proficient in** the history of the islanders.
- スーザンはその島民の歴史に**熟達している**。

612 give *one's* (best) regards to 〜 — 〜によろしく伝える
- Please **give my best regards to** your parents.
- ご両親によろしくお伝えください。

613 die down — 静まる
- The traffic noise will **die down** by night.
- 交通の騒音は夜には**静まる**でしょう。

80 — more to go!

614 | all the same | どうでもよい，同じこと，それでも
- It's **all the same** to me whether you stay here or not.
- Tom is a little bit rude, but Lisa believes in him **all the same**.
- 君がここに泊まろうが泊まるまいが私は構わないよ。
- トムは少し無作法だが，それでもリサは彼を信じている。

615 | call on [at] 〜 | 〜を訪ねる
- He **called on** us, but we were out at that time.
- 彼は私たちの家を訪れたが，私たちはその時，外出していた。
- ＊後に人が続く場合は on，場所が続く場合は at を用いる。

616 | come from 〜 | 〜が原因である，〜の出身である
- His health problems **come from** drinking too much.
- She **comes from** Kentucky.
- 彼の健康問題はお酒の飲みすぎが原因である。
- 彼女はケンタッキー州の出身です。
- ＊過去を示す文脈以外では，現在形で用いられる点に注意する。

617 | turn in 〜 | 〜を提出する
- Please **turn in** your paper by Monday.
- 月曜日までにレポートを提出してください。
- ＊turn out 〜は「結局〜であることが分かる」

618 | at first hand | 直接に
- I heard the news about the new professor **at first hand** from the dean.
- 新しい教授に関する知らせを学部長から直接聞いた。
- 反 at second hand

619 | to the contrary | それとは反対の[に]
- We have nothing to say **to the contrary**.
- それとは反対の意見はありません。

620 | stand out | ずば抜けている，目立つ
- Jim's achievement **stood out** from the other students in the class.
- ジムの成績はクラスのほかの生徒よりずば抜けていた。

Review ①実際には（592）②〜のためになる（601）③夜遅くまで勉強する（603）④いつも〜とは限らない（600）⑤〜を担当して（597）⑥〜を無視する（594）⑦〜が足りない（602）⑧流れ落ちる（598）⑨〜を購読する（599）⑩〜に達しない（605）⑪〜のおかげで（591）⑫あるがままに（595）⑬壊れる（604）⑭〜にも…する（593）⑮〜がなかったら（596）

colloquial expression

621 a bridge too far
手に余ること

★: I'm registering for three math, two statistics, and two economics courses.
☆: Oh, dear! That's **a bridge too far**.

★：僕は，3つの数学，2つの統計学，そして，2つの経済学を登録しているよ。
☆：あらなんてこと！ それは**手に余ること**ね。

622 Better luck next time!
次はうまくいくよ！

★: I lost the lottery again!
☆: **Better luck next time!**

★：また宝くじに外れたよ！
☆：**次はうまくいくわよ！**

623 music to *one's* ears
（意見などが）耳に心地よい

★: Mom, look! I got a full scholarship. Now, I can go to grad school.
☆: This is really **music to my ears**. I'm glad your hard work has paid off.

★：お母さん，見て！ 全額給付の奨学金をもらったよ。さあ，大学院に行けるんだ。
☆：なんて**素晴らしいこと**でしょう。あなたの一生懸命の努力が報われてうれしいわ。

624 none too ～
少しも～でない

☆: Wow, are you preparing for winter? The autumn festival has just begun.
★: **None too** early. Look at the mountaintop. It's getting white.

☆：あら，冬支度を進めているの？ 秋祭りが始まったばかりよ。
★：**少しも**早くないよ。山頂を見てごらん。白くなり始めている。

625 stop short of ～
～を思いとどまる

★: It seems you will have taken every available course in your major by the end of the semester.
☆: Well, I just **stopped short of** taking International Economics.

★：君は学期末までに君の専攻で取れる全てのクラスを取ってしまいそうだね。
☆：そうね，国際経済学は取る**のを思いとどまったわ**。

70 ― more to go!

626 talk sense
もっともなことを言う

☆: The university is going to raise our tuition. I won't stand for another raise.
★: But, thinking of today's inflation, it **talks sense**.

☆: 大学は，学費を値上げしようとしているわ。また値上げなんて我慢できないわ。
★: でも，今のインフレを考えると，それももっともだけどね。

627 can't stand 〜
〜を我慢できない

★: Lucy, did you hear? Professor Miller is going to make us write a paper in every class from now on.
☆: Really? I **can't stand** it anymore!

★: ルーシー，聞いた？ ミラー教授はこれから毎回のクラスで小論文を書かせるつもりだって。
☆: 本当に？ もう，我慢できないわ！

628 be lost
(人の話などを)理解し損なう，(道などに)迷う

☆: What's wrong? You have bags under your eyes.
★: I'**m lost** in the ecology class. Is it better for me to ask for a tutor?

☆: どうしたの？ 目の下に大きなクマがあるわよ。
★: 生態学の授業が分からないんだ。個人教授を頼んだ方が良いだろうか？

629 learn the ropes
コツをつかむ

☆: Not again! I hate this computer. I can't even access the BBS.
★: Don't worry. Once you **learn the ropes**, this computer is pretty reliable.

☆: またまだめなの！ このコンピューターは嫌い。掲示板にさえアクセスできないわ。
★: 大丈夫だよ。一度コツを覚えれば，このコンピューターはとても頼りになるよ。

630 be all (fingers and) thumbs
ひどく不器用である

★: Steve can't even fix a chair.
☆: Yeah, indeed. He **is all fingers and thumbs**.

★: スティーブは，椅子さえも直せない。
☆: 本当にそうよね。彼はひどく不器用だわ。

Review Questions   idiom

空所に最も適切な語句，または下線部と同じ意味の語句を，選択肢から選びましょう。

1 Mary couldn't figure _____ what was going on.
(A) in (B) on (C) to (D) out

2 When you say "yes," you have to _____ your word.
(A) assess (B) get (C) keep (D) make

3 We have run out _____ printing paper.
(A) at (B) from (C) of (D) with

4 I think you left _____ an important procedure for conducting this experiment.
(A) behind (B) off (C) toward (D) out

5 This part-time job at our lab will do _____ good.
(A) it you (B) you (C) for you (D) with you

6 Susan is proficient _____ French.
(A) at (B) with (C) by (D) in

7 Professor Johnson really stands _____, wearing a colorful bowtie.
(A) for (B) at (C) out (D) with

8 Taking some mathematics classes will <u>go a long way</u> even for a psychology major.
(A) take time (B) be beneficial
(C) take a different turn (D) get accustomed to

9 It is sometimes difficult to <u>get in touch</u> with Karen.
(A) contact (B) meet (C) follow (D) visit

10 Our team <u>wants for</u> a good striker.
(A) expects (B) hires (C) needs (D) has

1 正解 (D) **574** figure out ～「～を理解する」(→p. 157)
メアリーは，何が起こっているかを理解することができなかった。

2 正解 (C) **581** keep one's word「約束を守る」(→p. 158)
「了解」と言ったならば，その約束を守らなければならない。
＊(A) assess は「～を評価する」などの意味があります。

3 正解 (C) **587** run out of ～「～を使い果たす」(→p. 159)
印刷用紙が切れている。

4 正解 (D) **594** leave out ～「～を抜かす」(→p. 160)
君は，この実験を行うにあたって重要な手順を抜かしたと思う。
＊(B) leave off ～は「～を止める」などの意味があります。

5 正解 (B) **601** do ～ good「～のためになる」(→p. 161)
この僕たちの実験室でのパートの仕事は，君のためになるよ。

6 正解 (D) **611** be proficient in ～「～に熟達している」(→p. 162)
スーザンは，フランス語が堪能だ。

7 正解 (C) **620** stand out「目立つ」(→p. 163)
ジョンソン教授は，カラフルな蝶ネクタイをして，本当に目立つ。
＊(A) stand for ～は「～に賛成する，～を表す」などの意味があります。

8 正解 (B) **568** go a long way (to ～)「(～に) 大いに役立つ」(→p. 156)
数学の勉強は，心理学専攻であったとしても大いに役に立つ。
＊(A) take time は「時間がかかる」，(C) take a different turn は「方向転換する」，(D) get accustomed to ～は「～に慣れる」などの意味があります。

9 正解 (A) **576** get in touch with ～「～に連絡を取る」(→p. 158)
カレンと連絡を取るのは，時に難しい。

10 正解 (C) **602** want for ～「～に欠ける」(→p. 161)
僕たちのチームには，優れたストライカーが欠けている [を必要としている]。

Review Questions
colloquial expression

CD 2-52~61 CDを聞き，各質問の答えとして最も適切なものを選びましょう。

1 What does the woman mean?
(A) The man should not register for so many courses.
(B) The man should take architecture, too.

2 What does the woman mean?
(A) The man shouldn't have bought a lottery ticket.
(B) The man is unfortunate.

3 What does the woman mean?
(A) She thinks the man should study music.
(B) She thinks the man's efforts are well-deserved.

4 What does the man mean?
(A) The woman should enjoy the festival.
(B) It's not too early to prepare for winter.

5 What does the woman imply?
(A) She will not take International Economics.
(B) International Economics class was already full.

6 What does the man mean?
(A) The university's decision is understandable.
(B) The university should talk to students.

7 What does the woman mean?
(A) She doesn't want to stand in the class.
(B) She has gotten tired of the class.

8 What does the man mean?
(A) He can't understand the class.
(B) He forgot to bring a textbook.

9 What does the man mean?
(A) He will teach the woman how to pack the computer.
(B) It takes time to learn how to use the computer.

10 What does the woman mean?
(A) Steve hit his fingers with a hammer.
(B) Steve is clumsy and awkward.

1 正解 (A)

★：I'm registering for three math, two statistics, and two economics courses.
☆：Oh, dear! That's a bridge too far.
What does the woman mean?
(A) The man should not register for so many courses.
(B) The man should take architecture, too.

> ★：僕は，3つの数学，2つの統計学，そして，2つの経済学を登録するよ。
> ☆：あらなんてこと！ それは手に余ることね。
> 女性は何を言っているのでしょうか。
> (A) 男性はそれほど多く(授業の)登録をすべきではない。
> (B) 男性は建築学も取るべきだ。
> ＊bridge とフレーズに入っていますが，建築学とは関係がありません。

2 正解 (B)

★：I lost the lottery again!
☆：Better luck next time!
What does the woman mean?
(A) The man shouldn't have bought a lottery ticket.
(B) The man is unfortunate.

> ★：また宝くじに外れたよ！
> ☆：次はうまくいくわよ！
> 女性は何を言っているのでしょうか。
> (A) 男性は宝くじを買うべきではなかった。　(B) 男性はついていない。
> ＊Better luck next time! は「この次はうまくいくよ！」と励ます表現です。したがって(B)が正解です。

3 正解 (B)

★：Mom, look! I got a full scholarship. Now, I can go to grad school.
☆：This is really music to my ears. I'm glad your hard work has paid off.
What does the woman mean?
(A) She thinks the man should study music.
(B) She thinks the man's efforts are well-deserved.

> ★：お母さん，見て！ 全額給付の奨学金をもらったよ。さあ，大学院に行けるんだ。
> ☆：なんて素晴らしいことでしょう。あなたの一生懸命の努力が報われてうれしいわ。
> 女性は何を言っているのでしょうか。
> (A) 彼女は，男性が音楽を勉強すべきだと思っている。
> (B) 彼女は，男性の努力は奨学金を受けるに値すると思っている。
> ＊music to one's ears は「聞いていて気持ちが良い」，つまり，至福だという意味です。また，pay off は，「報われる」という意味です。女性は素晴らしい息子を持って幸せだ，と感じているのです。

4 正解 (B)

☆：Wow, are you preparing for winter? The autumn festival has just begun.

★：None too early. Look at the mountaintop. It's getting white.
What does the man mean?
(A) The woman should enjoy the festival.　(B) It's not too early to prepare for winter.

> ☆：あら，冬支度を進めているの？ 秋祭りが始まったばかりよ。
> ★：少しも早くないよ。山頂を見てごらん。白くなり始めている。
> 男性は何を言っているのでしょうか。
> (A) 女性は祭りを楽しむべきだ。　　　　(B) 冬に備えるのには早すぎない。
> ＊「山頂に雪が積もり始めたので，冬支度をするには早すぎない」と男性は言っています。

---

5 正解 (A)

★：It seems you will have taken every available course in your major by the end of the semester.
☆：Well, I just stopped short of taking International Economics.
What does the woman imply?
(A) She will not take International Economics.
(B) International Economics class was already full.

> ★：君は学期末までに君の専攻で取れる全てのクラスを取ってしまいそうだね。
> ☆：そうね，国際経済学は取るのを思いとどまったわ。
> 女性は何を示唆していますか。
> (A) 彼女は国際経済学の授業を取らないつもりだ。
> (B) 国際経済学のクラスはすでに埋まっていた。
> ＊女性は「国際経済学の授業を取るのは思いとどまった」と言っているので，(A)が正解です。

---

6 正解 (A)

☆：The university is going to raise our tuition. I won't stand for another raise.
★：But, thinking of today's inflation, it talks sense.
What does the man mean?
(A) The university's decision is understandable.
(B) The university should talk to students.

> ☆：大学は，学費を値上げしようとしているわ。また値上げなんて我慢できないわ。
> ★：でも，今のインフレを考えると，それももっともだけどね。
> 男性は何を言っているのでしょうか。
> (A) 大学の決定は理解できる。　　　　(B) 大学は学生と話し合うべきだ。
> ＊男性は it talks sense「もっともだ」と言っているので，(A)が正解です。

---

7 正解 (B)

★：Lucy, did you hear? Professor Miller is going to make us write a paper in every class from now on.
☆：Really? I can't stand it anymore!
What does the woman mean?
(A) She doesn't want to stand in the class.
(B) She has gotten tired of the class.

★：ルーシー，聞いた？ ミラー教授はこれから毎回のクラスで小論文を書かせるつもりだって。
☆：本当に？ もう，我慢できないわ！
女性は何を言っているのでしょうか。
(A) 彼女はクラスで立ちたくない。　　　(B) 彼女はそのクラスにうんざりしてしまった。
＊「小論文をクラスごとに書かされることに，もう我慢ができない」と言っているので，(B)が正解です。

---

8 正解 (A)

☆：What's wrong? You have bags under your eyes.
★：I'm lost in the ecology class. Is it better for me to ask for a tutor?
What does the man mean?
(A) He can't understand the class.　　　(B) He forgot to bring a textbook.

☆：どうしたの？ 目の下に大きなクマがあるわよ。
★：生態学の授業が分からないんだ。個人教授を頼んだ方が良いだろうか？
男性は何を言っているのでしょうか。
(A) 彼はクラス(の内容)が分からない。　　(B) 彼は，テキストを持ってくるのを忘れた。
＊I'm lost.は「迷子になる」という意味ですが，ここではクラスの内容が分からなくなったという意味です。

---

9 正解 (B)

☆：Not again! I hate this computer. I can't even access the BBS.
★：Don't worry. Once you learn the ropes, this computer is pretty reliable.
What does the man mean?
(A) He will teach the woman how to pack the computer.
(B) It takes time to learn how to use the computer.

☆：まただめなの！ このコンピューターは嫌い。掲示板にさえアクセスできないわ。
★：大丈夫だよ。一度コツを覚えれば，このコンピューターはとても頼りになるよ。
男性は何を言っているのでしょうか。
(A) 彼は女性にコンピューターの梱包の仕方を教える。
(B) コンピューターの使い方を学ぶのには時間がかかる。
＊learn the ropesの語源は，船員がロープの結び方を覚えることだそうです。そこから「コツをつかむ」という意味になりました。

---

10 正解 (B)

★：Steve can't even fix a chair.
☆：Yeah, indeed. He is all fingers and thumbs.
What does the woman mean?
(A) Steve hit his fingers with a hammer.　　(B) Steve is clumsy and awkward.

★：スティーブは，椅子さえも直せない。
☆：本当にそうよね。彼はひどく不器用だわ。
女性は何を言っているのでしょうか。
(A) スティーブは指を金づちで打った。　　(B) スティーブは不器用だ。
＊スティーブは椅子も直せないほど不器用だ，という会話をしています。

10週目 1日 CD 2-62 idiom

631 under way 進行中で
- The new project is now **under way**.
- 現在，新しいプロジェクトが**進行中**だ。

632 as for ～ ～について言えば，～に関して
- **As for** me, I'm very satisfied with the result.
- 私について言えば，その結果にとても満足しています。

633 avail oneself of ～ ～を利用する
- You can **avail yourself of** all the books in the library.
- 図書館の全ての本を**利用**できます。
- 同 make use of ～

634 wrap up (仕事などを)終える
- It's almost midnight. Let's **wrap up** for today.
- もう夜中だ。今日は**終わり**にしよう。

635 do ～ a favor ～の願いを聞き入れる，～に手を貸す
- This stack of answer sheets is too heavy. Hey, would you **do** me **a favor** and carry half of them?
- この大量の解答用紙は重すぎるよ。ねえ，僕のお願いを聞いて，半分運んでくれない？

636 among other things とりわけ
- My doctor told me that I should take a good rest, **among other things**.
- 医者は**とりわけ**よく休息をとるようにと言った。
- 同 above all

637 carry out ～ ～を実行する
- She has tried hard to **carry out** the new plan.
- 彼女は新しい計画を**実行する**ため，懸命に努力している。

638 be obliged to do ～しなければならない
- We **are obliged to** work hard in attaining a degree.
- 私たちは学位取得のために一生懸命勉強しなければならない。

55 — more to go!

639 look up ～ — (辞書で)～を調べる
- **Look up** the word "leukemia" in the dictionary.
- 辞書で "leukemia(白血病)" という単語を調べなさい。

640 wide of [beside] the mark — 的外れで，見当違いで
- Jim always speaks **wide of the mark**.
- ジムはいつも**的外れな**ことを言う。
- 同 beside [off] the point, off the mark
- 反 to the point

641 be equal to ～ — ～に匹敵する，～と等しい
- The output of this machine **is equal to** that of a power plant.
- この機械の出力は発電所のそれに**匹敵**する。
- ＊ equal は他動詞としても扱われる。例：Four plus three equals seven.

642 keep *one's* fingers crossed — 幸運を祈る
- You'll do fine. We'll **keep our fingers crossed**.
- 君はきっとうまくやるよ。**幸運を祈る**。

643 in question — 疑わしい
- His statement about the incident was **in question**.
- その事件に関する彼の陳述は**疑わしかった**。

644 come through ～ — ～を切り抜ける
- We have **come through** many hardships.
- われわれは幾多の苦難を**切り抜けてきた**。

645 enable ～ to *do* — ～が…できるようにする
- Industriousness will **enable** them **to** overcome all the obstacles.
- 勤勉さによって，彼らは全ての障害を乗り越えることが**できる**だろう。

Review ①～に熟達している(611) ②～を提出する(617) ③(うわさなどが)広まって(606) ④直接に(618) ⑤非番で(608) ⑥ずば抜けている(620) ⑦～によろしく伝える(612) ⑧～を訪ねる(615) ⑨静まる(613) ⑩どうでもよい(614) ⑪時々(609) ⑫～が原因である(616) ⑬晴れ上がる(610) ⑭努力する(607) ⑮それとは反対の(619)

10週目 2日 CD 2-63　idiom

#	Idiom / Example	Meaning / Translation
646	**put forward ~** ■ Professor John Ostrom **put forward** a link between dinosaurs and birds. ■ The meeting has been **put forward** by 20 minutes.	(考えなど)を提唱する，(行事など)を早める ■ ジョン・オストロム教授は恐竜と鳥類との関連性を提唱した。 ■ 会議は20分早められた。
647	**run over** ■ Kent made me **run over** to the Student Union Center to buy concert tickets.	立ち寄る，(車が人などを)ひく ■ ケントは，私に学生会館までコンサートのチケットを買いに立ち寄らせた。
648	**leave no stone unturned** ■ Kristine **left no stone unturned** during her research on her subject.	(目的達成のために)あらゆる手段を尽くす ■ クリスティーンは自身のテーマに関する研究中，あらゆる手段を尽くした。
649	**take ~ into account** ■ While preparing for the party, I **took** your friends **into account**.	~を考慮する ■ パーティーの準備をする間，君の友達のことを考慮した。
650	**by nature** ■ He is a mathematical genius **by nature**.	生まれつき ■ 彼は生まれつき数学の天才だ。
651	**call out ~** ■ The captain **called out** the crew.	~を召集する ■ 船長は船員を召集した。
652	**at large** ■ People **at large** are well nourished in this country. ■ Unfortunately, the bank robbers are still **at large**.	全体として，一般の，自由の身で ■ 全体として，この国では人々の栄養状態は良好です。 ■ 残念なことに，銀行強盗たちはまだ捕まっていない。
653	**be well-off** ■ Dr. White is an excellent physician and **is** now **well-off**.	裕福である ■ ホワイト博士は素晴らしい医者で，今や裕福である。

40 — more to go!

654	**be suitable for ～**	～に適している
	■ This land **is suitable for** cultivation.	■ この土地は耕作に適している。

655	**fill in for ～**	～の代行をする
	■ Peter will **fill in for** the committee chairperson.	■ ピーターが委員長の代行をする予定です。

656	**get through to ～**	（電話などで）～に連絡を取る，～に理解させる
	■ I'd like to **get through to** the office. ■ It will be difficult for me to **get** it **through to** the audience that this will be my last public appearance.	■ 事務所に連絡を取りたいのですが。 ■ これが私の公式行事への最後の出席になることを聴衆に理解させるのは難しいだろう。

657	**congratulate *A* on *B***	AにBのことでお祝いを言う
	■ I **congratulated** him **on** his promotion.	■ 彼に昇進のことでお祝いを言った。

658	**keep away (from ～)**	（～に）近寄らない，（～から）離れている
	■ The park ranger warned us to **keep away from** poisonous snakes.	■ 公園管理者は私たちに，毒蛇に近寄らないようにと警告した。

659	**instead of ～**	～の代わりに
	■ Susan bought a portable computer **instead of** a standard one.	■ スーザンは，標準的なコンピュータの代わりに携帯用コンピュータを購入した。 同 in place of ～, in lieu of ～

660	**do nothing but *do***	～してばかりいる，～するほかない
	■ Tom **does nothing but** play video games. ■ I can **do nothing but** wait for a reply from the admission office.	■ トムはテレビゲームをしてばかりいる。 ■ 私はアドミッションオフィス（入学審査事務局）からの返事を待つしかない。 ＊but に続く動詞は原形を用いる。

Review ①疑わしい（643）②的外れで（640）③（仕事などを）終える（634）④～しなければならない（638）⑤～について言えば（632）⑥～を切り抜ける（644）⑦（辞書で）～を調べる（639）⑧とりわけ（636）⑨～を実行する（637）⑩～に匹敵する（641）⑪進行中で（631）⑫幸運を祈る（642）⑬～が…できるようにする（645）⑭～を利用する（633）⑮～の願いを聞き入れる（635）

10週目 3日 CD 2-64　idiom

661	**(the) pros and cons**	賛否(両論)
	■ We discussed <u>the pros and cons</u> of genetic engineering.	■ 私たちは遺伝子工学の**賛否**を討論した。
662	**at all costs**	何としても，ぜひとも
	■ I have to finish this project by the end of this month <u>at all costs</u>.	■ 何としても今月末までに，このプロジェクトを仕上げなければならない。
663	**(from) hand to mouth**	その日暮らしで
	■ Many impoverished people in developing countries live <u>from hand to mouth</u>.	■ 発展途上国における多くの貧しい人々は，その日暮らしの生活を送っている。
664	**above all**	とりわけ
	■ <u>Above all</u>, please take care of yourself this winter.	■ とりわけ，この冬はお体を大事にしてください。
665	**tell *A* from *B***	AとBを区別する，見分ける
	■ Can you <u>tell</u> realism <u>from</u> romanticism?	■ 君は写実主義とロマン主義を区別することができますか。 同 tell the difference between *A* and *B*
666	**take to ～**	～を好きになる，(悪い習慣)をするようになる
	■ Susan <u>took to</u> classical ballet. ■ He <u>took to</u> drinking after his wife died.	■ スーザンはクラシックバレエを好きになった。 ■ 彼は妻が亡くなった後，酒を飲むようになった。
667	**as to ～**	～に関して
	■ <u>As to</u> air pollution, one of the ways to reduce carbon dioxide in the air is to replace the use of fossil fuels.	■ 大気汚染に関して，大気中の二酸化炭素を削減する方法の一つは，化石燃料の使用を代替することです。 同 in terms of ～
668	**at any rate**	いずれにしても，とにかく
	■ Don't worry. Susan will come <u>at any rate</u>.	■ 心配するな。スーザンはいずれにしてもやって来るよ。 同 anyway

25 — more to go!

669 hold back ～ ／ ～を抑制する
- The armed vehicles **held** the mob **back**.
- 武装車は暴徒を抑制した。
- 同 keep back ～

670 be known as ～ ／ ～として知られている
- Dr. Kambe **is known as** a leading scientist in nanotechnology.
- 神部博士は，ナノテクノロジーの分野で有数の科学者として知られている。

671 leave ～ undone [unsaid] ／ ～を放っておく[言わずにおく]
- Don't **leave** your assignments **undone** before you go out.
- 外に行く前に，宿題を放っておいてはいけません。

672 by all means ／ ぜひとも
- We are going to have a party. Please come **by all means**.
- パーティーを開きます。ぜひともおいでください。

673 be devoid of ～ ／ ～を欠いている
- His works **are devoid of** scrutiny.
- 彼の作品は綿密さを欠いている。
- 同 be lacking in ～

674 crack down ／ 取り締まる
- The police **crack down** on drug addicts here with a vengeance.
- 警察はここで麻薬常習者を徹底的に取り締まる。

675 bone up on ～ ／ ～の詰め込み勉強をする
- I have to **bone up on** formulas if I'm to take physics.
- 物理学を履修するとしたら，私は公式の詰め込み勉強をしなければならない。

Review ①(考えなど)を提唱する(646) ②生まれつき(650) ③(電話などで)～に連絡を取る(656) ④～に適している(654) ⑤(～に)近寄らない(658) ⑥～を召集する(651) ⑦立ち寄る(647) ⑧～の代行をする(655) ⑨～を考慮する(649) ⑩AにBのことでお祝いを言う(657) ⑪裕福である(653) ⑫(目的達成のために)あらゆる手段を尽くす(648) ⑬～してばかりいる(660) ⑭～の代わりに(659) ⑮全体として(652)

10週目 4日 CD 2-65 idiom

676 all along — 初めから，ずっと
- Tom knew the cause of the accident **all along**.
- トムは**初めから**，その事故の原因を知っていた。

677 see after ～ — ～の世話をする
- Would you please **see after** the baby chimp? We will come back in an hour.
- チンパンジーの赤ちゃん**の世話をして**くれませんか？ 1時間ほどで戻ります。

678 look forward to ～ — ～を楽しみにして待つ
- I'm **looking forward to** hearing from you soon.
- お返事いただけるの**を楽しみにして待って**います。
- ＊to 以下には動名詞または名詞がくる。

679 give the green light to ～ — ～に許可を与える
- The board of directors **gave the green light to** the new project.
- 取締役会は新規プロジェクト**に許可を与え**た。
- ＊get the green light from ～ は「～から許可を得る」。

680 by and large — 概して，一般的に言えば
- Professor Johnson's class is, **by and large**, satisfactory.
- ジョンソン教授の授業は，**概して**満足できる。
- 同 in general

681 tell ～ apart — ～を見分ける，～を区別する
- I can't **tell** Asian elephants and African ones **apart**.
- 私にはアジア象とアフリカ象を見分けることができない。

682 look up to ～ — ～を尊敬する
- I **looked up to** Mother Teresa during my school days.
- 私は学生の頃，マザー・テレサ**を尊敬してい**た。

683 come of age — 成年に達する
- You can choose your own way when you **come of age**.
- あなたが**成年に達し**たら，自分の生き方を選んでよい。

10 — more to go!

684 come up to 〜 〜まで達する
- Your work didn't <u>come up to</u> the required standards.
- 君の仕事は所定の水準まで達しなかった。

685 as a matter of fact 実を言うと，それどころか
- <u>As a matter of fact</u>, I may have to take summer classes.
- 実を言うと，夏期講習を受けなければならないかもしれない。

686 be willing to *do* 喜んで〜する
- I'<u>m willing to</u> help you prepare for the freshmen orientation.
- 喜んで新入生のオリエンテーションの準備をお手伝いします。

687 take hold 根付く，確固としたものとなる
- The new production system <u>took hold</u> and they were able to start manufacturing high quality products.
- 新しい生産方式が**根付き**，高品質の製品を製造できるようになった。

688 go so far as to *do* 〜さえする
- He <u>went so far as to</u> declare that he would start up his own venture.
- 彼は自分で起業すると宣言さえした。

689 do without 〜 〜なしで済ます
- I can't <u>do without</u> your help.
- 君の助けなしでやっていくことはできない。
- 同 go without 〜

690 take it easy 気楽にやる
- <u>Take it easy</u>. I'm sure you'll do well on today's exam.
- **気楽に**やりなさい。きっと今日の試験はよくできるよ。

Review ①〜として知られている (670) ②取り締まる (674) ③AとBを区別する (665) ④〜を放っておく (671) ⑤とりわけ (664) ⑥〜を好きになる (666) ⑦〜の詰め込み勉強をする (675) ⑧その日暮らしで (663) ⑨何としても (662) ⑩〜に関して (667) ⑪〜を欠いている (673) ⑫ぜひとも (672) ⑬いずれにしても (668) ⑭賛否（両論）(661) ⑮〜を抑制する (669)

10週目 5日 CD 2-66   *colloquial expression*

691　you bet

★: Are you going to the party?
☆: <u>You bet</u> I am!

もちろん，その通り

★: パーティーに行くかい？
☆: もちろん，行くわ！

692　get on *one's* nerves

★: I heard you're leaving the dorm.
☆: You know my roommate Cathy? She always <u>gets on my nerve</u>.

〜をいらいらさせる

★: 寮を出るって聞いたけど。
☆: 私のルームメートのキャシーを知っている？彼女はいつも，私をいらいらさせるのよ。

693　Good for you!

☆: Jason! I did it!
★: You passed the test? <u>Good for you!</u>

よくやったね！

☆: ジェイソン！ 私やったわ！
★: 試験に合格したのかい？ よくやったね！

694　on thin ice

☆: Bob's been cramming in the library.
★: Since he is <u>on thin ice</u> to remain at the college, he can't fail the midterm exam.

（薄氷を踏むように）危険な状態で

☆: ボブはずっと図書館で詰め込み勉強しているわ。
★: 彼は，大学に残れるか**危う**いから，中間試験で失敗できないんだ。

695　none of your business

★: These books are better than the ones you are reading now.
☆: What I read is <u>none of your business</u>!

君には関係ない

★: これらの本は君が今読んでいる本よりもいいよ。
☆: 私が何を読もうが，**あなたには関係ない**わ！

696	**hit the books**	熱心に勉強する
	★：Will Jane come to the party? ☆：I doubt it. She's been **hitting the books** for days on end.	★：ジェーンはパーティーに来るかな？ ☆：どうかしらね。彼女は，何日もずっと**熱心に勉強している**わ。
697	**hit the roof [ceiling]**	激怒する，許容限度に達する
	★：Oops! I smashed the vase with the ball. What should I do? ☆：Oh, no! Mom will **hit the roof**!	★：しまった！ ボールで花瓶を壊しちゃった。どうすれば良いかな？ ☆：うわー！ お母さんが**カンカン**になるわよ！
698	**in the nick of time**	何とか間に合って
	☆：Tom, how was your group discussion? ★：Good! Professor Johnson arrived **in the nick of time**, just before we were about to give up.	☆：トム，グループ・ディスカッションはどうだったの？ ★：良かったよ！ 僕たちがまさにお手上げになりそうだった時にジョンソン教授が**何とか間に合って**来たんだ。
699	**a piece of cake**	簡単なこと
	☆：Will you please carry this heavy suitcase? ★：Sure, it's **a piece of cake**!	☆：この重いスーツケースを運んでくださらない？ ★：もちろんです，**簡単なこと**です！
700	**out of the blue**	突然に，出し抜けに
	★：You seem absent-minded today. ☆：Yeah. **Out of the blue**, George asked me to marry him last night.	★：今日は上の空だね。 ☆：ええ，本当に。昨晩，ジョージが**突然**に結婚してくれって言ったの。

Review ①成年に達する(683) ②〜さえする(688) ③気楽にやる(690) ④〜まで達する(684) ⑤根付く(687) ⑥初めから(676) ⑦〜を尊敬する(682) ⑧〜を見分ける(681) ⑨〜の世話をする(677) ⑩実を言うと(685) ⑪〜を楽しみにして待つ(678) ⑫〜に許可を与える(679) ⑬概して(680) ⑭〜なしで済ます(689) ⑮喜んで〜する(686)

Review Questions   idiom

空所に最も適切な語句，または下線部と同じ意味の語句を，選択肢から選びましょう。

1 JOC carried _____ a superb presentation for the 2020 Olympic Games.
(A) over　　　(B) in　　　(C) out　　　(D) up

2 The weight of this ball is equal _____ that of the magazine.
(A) to　　　(B) of　　　(C) in　　　(D) as

3 Peter is a gentle child _____ nature.
(A) with　　　(B) at　　　(C) for　　　(D) by

4 Let's go for a walk instead _____ playing video games.
(A) by　　　(B) for　　　(C) of　　　(D) with

5 The platypus is known _____ a "duck bill."
(A) for　　　(B) as　　　(C) about　　　(D) to

6 The moon is devoid _____ air.
(A) with　　　(B) without　　　(C) of　　　(D) at

7 Physicians have put forward the many practical uses of a 3D printer.
(A) treated　　　(B) advocated　　　(C) created　　　(D) used

8 Julia boned up on the Hiroshima Peace Memorial.
(A) studied about　　　(B) visited　　　(C) knew about　　　(D) photographed

9 Jane has seen after lab animals.
(A) gone after　　　(B) known after　　　(C) taken after　　　(D) looked after

WEEK 10

1 正解 (C) **637** carry out ~「~を実行する」(→p. 172)
JOCは2020年オリンピックのために最高のプレゼンを行った。
＊(A) carry over ~ は「~を持ち越す」,(B) carry in ~ は「~に運び込む」などの意味があります。

2 正解 (A) **641** be equal to ~「~と等しい」(→p. 173)
このボールの重さは,その雑誌の重さと同じだ。

3 正解 (D) **650** by nature「生まれつき」(→p. 174)
ピーターは生まれつき,優しい子どもだ。

4 正解 (C) **659** instead of ~「~の代わりに」(→p. 175)
テレビゲームをする代わりに,散歩をしよう。

5 正解 (B) **670** be known as ~「~として知られている」(→p. 177)
カモノハシは,「カモのくちばし」として知られている。
＊(A) be known for ~ は「~で有名である,知られている」,(C) be known about ~ は「~について知られている」,(D) be known to ~ は「~に知られている」などの意味があります。

6 正解 (C) **673** be devoid of ~「~を欠いている」(→p. 177)
月には,空気がない。

7 正解 (B) **646** put forward ~「(考えなど)を提唱する」(→p. 174)
医師達は,3Dプリンターの多くの実際的な用途を提唱した。

8 正解 (A) **675** bone up on ~「~の詰め込み勉強をする」(→p. 177)
ジュリアは,広島平和記念碑(原爆ドーム)について懸命に勉強をした。

9 正解 (D) **677** see after ~「~の世話をする」(→p. 178)
ジェーンは,実験動物の世話をしている。
＊(A) go after ~ は「~を追いかける」,(C) take after ~ は「~に似る」などの意味があります。

Review Questions

colloquial expression

🄲🄳 **2-67~76**　CDを聞き，各質問の答えとして最も適切なものを選びましょう。

1 What does the woman mean?
(A) She will definitely go to the party.
(B) She is not sure if she will go to the party.

2 What does the woman mean?
(A) She doesn't want to share a room with Cathy.
(B) She wants Cathy to live with her.

3 What does the man mean?
(A) He doesn't believe what the woman said.
(B) He praises the woman's effort.

4 What does the man mean?
(A) Bob has to study hard.
(B) Bob will join the college ice hockey team.

5 What does the woman mean?
(A) She is going to read the books the man suggested.
(B) She thinks the man should not be concerned.

6 What does the woman mean?
(A) Jane will attend the party.
(B) Jane won't attend the party.

7 What does the woman mean?
(A) Their mother will get angry.
(B) The man should repair the roof.

8 What does the man mean?
(A) Professor Johnson helped his group.
(B) He could not see Professor Johnson.

9 What does the man mean?
(A) He wants a piece of cake in return.
(B) He will help the woman.

10 What does the woman mean?
(A) She could not find blue paint.
(B) She was astonished by George's proposal.

1 正解 (A)

★：Are you going to the party?
☆：You bet I am!
What does the woman mean?
(A) She will definitely go to the party.　(B) She is not sure if she will go to the party.

> ★：パーティーに行くかい？
> ☆：もちろん，行くわ！
> 女性は何を言っているのでしょうか。
> (A) 彼女は絶対にパーティーに行く。　　(B) 彼女はパーティーに行くかどうかが不確かだ。
> ＊you betは，強い肯定になります。したがって，ここでは「必ず行きます」という意味です。

2 正解 (A)

★：I heard you're leaving the dorm.
☆：You know my roommate Cathy? She always gets on my nerve.
What does the woman mean?
(A) She doesn't want to share a room with Cathy.
(B) She wants Cathy to live with her.

> ★：寮を出るって聞いたけど。
> ☆：私のルームメートのキャシーを知っている？ 彼女はいつも，私をいらいらさせるのよ。
> 女性は何を言っているのでしょうか。
> (A) 彼女はキャシーと一緒の部屋を望まない。
> (B) 彼女はキャシーと一緒に住みたい。
> ＊get on one's nerveは「いらいらさせる」という意味です。キャシーがいらいらさせるので，彼女は寮を出て行くと言っています。

3 正解 (B)

☆：Jason! I did it!
★：You passed the test? Good for you!
What does the man mean?
(A) He doesn't believe what the woman said.
(B) He praises the woman's effort.

> ☆：ジェイソン！ 私やったわ！
> ★：試験に合格したのかい？ よくやったね！
> 男性は何を言っているのでしょうか。
> (A) 彼は女性が言ったことを信じていない。　(B) 彼は女性の努力を褒めている。
> ＊Good for you!は「よくやったね！」という意味です。

4 正解 (A)

☆：Bob's been cramming in the library.
★：Since he is on thin ice to remain at the college, he can't fail the midterm exam.
What does the man mean?
(A) Bob has to study hard.

185

(B) Bob will join the college ice hockey team.

☆：ボブはずっと図書館で詰め込み勉強しているわ。
★：彼は，大学に残れるか危ういから，中間試験で失敗できないんだ。
男性は何を言っているのでしょうか。
(A) ボブは一生懸命勉強しなければいけない。
(B) ボブは大学のアイスホッケーチームに入る。
　＊cram は「詰め込み勉強をする」という意味です。ボブは成績が悪いので，中間試験で頑張る必要があるという内容の会話です。

5 正解 (B)

★：These books are better than the ones you are reading now.
☆：What I read is none of your business!
What does the woman mean?
(A) She is going to read the books the man suggested.
(B) She thinks the man should not be concerned.

☆：これらの本は君が今読んでいる本よりもいいよ。
☆：私が何を読もうが，あなたには関係ないわ！
女性は何を言っているのでしょうか。
(A) 彼女は男性が勧めた本を読もうとしている。
(B) 彼女は男性が関与すべきではないと思っている。
　＊none of your business「君には関係ない」という発言から，女性は読んでいる本について，男性に関わってほしくないことが分かります。

6 正解 (B)

★：Will Jane come to the party?
☆：I doubt it. She's been hitting the books for days on end.
What does the woman mean?
(A) Jane will attend the party.　　　(B) Jane won't attend the party.

★：ジェーンはパーティーに来るかな？
☆：どうかしらね。彼女は，何日もずっと熱心に勉強しているわ。
女性は何を言っているのでしょうか。
(A) ジェーンはパーティーに参加するだろう。
(B) ジェーンはパーティーに参加しないだろう。
　＊女性の I doubt it. は否定の意味を示します。on end は「続けて」という意味なので，併せて覚えておきましょう。

7 正解 (A)

★：Oops! I smashed the vase with the ball. What should I do?
☆：Oh, no! Mom will hit the roof!
What does the woman mean?
(A) Their mother will get angry.　　　(B) The man should repair the roof.

★：しまった！　ボールで花瓶を壊しちゃった。どうすれば良いかな？

☆：うわー！ お母さんがカンカンになるわよ！
女性は何を言っているのでしょうか。
(A) 彼らの母親は怒るだろう。　　　　(B) 男性は屋根を直すべきだ。
＊花瓶を割ったので母親が怒るだろう，という内容の会話です。

8 正解 (A)

☆：Tom, how was your group discussion?
★：Good! Professor Johnson arrived in the nick of time, just before we were about to give up.
What does the man mean?
(A) Professor Johnson helped his group.　　(B) He could not see Professor Johnson.

☆：トム，グループ・ディスカッションはどうだったの？
★：良かったよ！ 僕たちがまさにお手上げになりそうだった時にジョンソン教授が何とか間に合って来たんだ。
男性は何を言っているのでしょうか。
(A) ジョンソン教授は彼のグループを助けた。
(B) 彼はジョンソン教授に会えなかった。
＊諦めかけていた時にジョンソン教授がぎりぎり間に合って現れたと言っているので(A)が正解です。

9 正解 (B)

☆：Will you please carry this heavy suit case?
★：Sure, it's a piece of cake!
What does the man mean?
(A) He wants a piece of cake in return.　　(B) He will help the woman.

☆：この重いスーツケースを運んでくださらない？
★：もちろんです，簡単なことです！
男性は何を言っているのでしょうか。
(A) 彼は見返りにケーキを一切れ欲しい。　　(B) 彼は女性を助ける。
＊a piece of cake は「朝飯前」のような感覚です。

10 正解 (B)

★：You seem absent-minded today.
☆：Yeah. Out of the blue, George asked me to marry him last night.
What does the woman mean?
(A) She could not find blue paint.
(B) She was astonished by George's proposal.

★：今日は上の空だね。
☆：ええ，本当に。昨晩，ジョージが突然に結婚してくれって言ったの。
女性は何を言っているのでしょうか。
(A) 彼女は青い絵の具を見つけられなかった。
(B) 彼女はジョージの結婚の申し出に驚いた。
＊absent-minded は「ぼーっとしている」という意味です。突然のプロポーズに驚いているのです。

TOEFL 受験に役立つ 英文法のまとめ

iBT 対策, ITP 対策, どちらでも使える！

Grammar is the Backbone for Building Your English Muscles!

長年 TOEFL を教えてきて思うことは，生徒たちが文法を軽視しすぎているということです。生徒たちは語彙力を伸ばして点数を上げてきます。しかし，特に iBT 試験に変わってからは，文法の学習がおろそかになっている気がするのです。

なぜ My friend have many opportunity. と言ってしまうのでしょうか。なぜ A few years ago, Japan experiences a huge disaster. と書いてしまうのでしょうか。このような状況では，決して高得点は狙えません。

文法は ITP 受験者，iBT 受験者，どちらにも MUST の学習項目です。ここで，文法の知識をおさらいしておきましょう。

1. 文型

第1文型 S + V

主語と動詞だけで完結する文です。

▶ I went to the hospital. （私は病院に行った）
　S　V

第2文型 S + V + C

動詞以外に補語が必要な文です。

▶ Jim is tall. （ジムは背が高い）
　S　V　C

＊Jim = tall の関係です。

▶ I am a senior citizen. （私は高齢者です）
　S　V　　C

＊I = a senior citizen です。

第3文型 S + V + O

他動詞と目的語を必要とします。日本語の「〜を」にあたるものが目的語です。

▶ I drive a car. （私は車を運転する）
　S　V　O

第4文型 S + V + O_1 + O_2

O_2「〜を」に追加する情報として O_1「〜に」という間接目的語が追加されます。

▶ I gave him a book. （私は彼に本をあげた）
　S　V　O_1　O_2

= I gave a book to him.
　S　V　O

＊第4文型は前置詞を使って第3文型に書き換えることができます。

▶ He brought me a sandwich. （彼は私にサンドイッチを持ってきてくれた）
　S　V　O_1　O_2

= He brought a sandwich to me.
　S　V　O

第5文型 S+V+O+C

目的語に補語がつきます。目的語と補語はイコールの関係です。第4文型と勘違いしないようにしましょう。

▶ <u>They</u> <u>call</u> <u>the mammal</u> <u>a mole</u>. （彼らは，そのほ乳類をモグラと呼ぶ）
　　S　　V　　　O　　　　C

＊ mammal = mole の関係です。

> **Q ミニクイズ**：次の文章を正しいものに直しなさい。
> The rabbit came out a hole to search for food.
> （ウサギは食料を探しに穴から出た）

答え <u>The rabbit</u> <u>came out</u> from [of] a hole to search for food.
　　　　　S　　　　自動詞

come out は自動詞。だから，これは第3文型ではありません。第1文型です。「穴から出て」という意味にするには，前置詞の from [of] を追加しなければなりません。

2. 動詞

主語の数との一致

動詞の形は主語の数と人称に一致します。

▶ The boldness of his behaviors is intolerable.
　（彼の大胆な振る舞いは耐え難い）
　＊主語は the boldness です。動詞の直前にある behaviors に惑わされないようにしましょう。

自動詞と他動詞

(1) **自動詞**：目的語を伴わずにその動作を完結する動詞。第1文型，第2文型を作ります。

▶ I woke up at 9:00 in the morning. 　（私は朝の9時に起きた）
　　自動詞

(2) **他動詞**：目的語を伴う動詞。第3文型，第4文型，第5文型を作ります。

▶ Some species of fish that do not lay eggs are called "vivipara."
　　　　　　　　　　　　　　　　　他動詞　O
　（卵を産まない種の魚類は「胎生動物」と呼ばれている）

(3) **自動詞と他動詞の両方を持つ動詞**
　動詞の多くは自動詞としても，他動詞としても，用いられます。前置詞の有無によって意味が異なりますので注意しましょう。

▶ Tom called on me. 　（トムは私のところに来た）
　＊ここでは自動詞 call が前置詞 on を伴って他動詞として働き，他動詞 call「～に電話をかける」とは別の意味で用いられています。

時制

一般的な時の流れには，「過去」→「現在」→「未来」の3つの時制があります。このそれぞれにおいて，進行中の動作を「進行形」で表します。

▶ I am living in this dormitory. 　（私はこの寮に住んでいます）
　＊現在進行形。過去進行形なら was living「住んでいた」，未来進行形なら will be living「住んでいるだろう」です。

また，過去・現在・未来それぞれの時制に「完了形」が存在します。完了形には「完了」「経験」「継続」の意味があります。

▶ I have known him since he was a child. 　（僕は彼が子供の時から知っている）《継続》
　＊現在完了は have ＋ 過去分詞，過去完了は had ＋ 過去分詞，未来完了は will have ＋ 過去分詞で表します。

過去時制の文でそれ以前のことを表現するときには，過去完了を用います。

▶ When we arrived at the airport, the airplane had already taken off.
（私たちが飛行場に到着したとき，飛行機はすでに離陸していた）

過去完了時制の中では ago と before の違いに注意が必要です。

▶ When we arrived at the airport, the airplane had (already) taken off 30 minutes before. （私たちが飛行場に到着したとき，飛行機は30分前に（すでに）離陸していた）
× ago

＊ここでは「過去のある時点」を基準として「30分前」なので before を使わなければなりません。ago は「今」を基準とする場合に用います。

to 不定詞と動名詞

動詞には，目的語に(1) to 不定詞のみをとるもの，(2) 動名詞のみをとるもの，(3) 両方をとるものがあります。ほとんどの動詞は(3)なので，(1)，(2)を覚えておきましょう。

(1) to 不定詞のみをとる主な動詞

> agree（同意する），decide（決定する），desire（望む），determine（決心する），expect（予期する），fail（〜しない），hope（望む），learn（〜できるようになる），manage（何とかやる）

▶ I decided to go at once. （すぐに出かけることにした）

(2) 動名詞のみをとる主な動詞

> admit（認める），appreciate（感謝する），avoid（避ける），consider（熟慮する），deny（否定する），enjoy（楽しむ），finish（終える），keep（続ける），mind（嫌がる），quit（やめる），stop（やめる）など

▶ David enjoyed playing tennis. （デービッドはテニスを楽しんだ）
　　　　　　　　× to play

使役動詞

「〜に…させる」という使役の意味を持つ動詞を「使役動詞」と呼びます。

(1) make：make＋目的語＋原形不定詞

▶ My boss made me write a letter. （上司は私に手紙を書かせた）

(2) **get**
  ① **get**＋目的語(人)＋**to** 不定詞
    ▶ My parents got us to attend the party.
      （両親は私たちをパーティーに参加するようにさせた）

  ② **get**＋目的語(物)＋過去分詞
    ▶ I have to get my computer fixed.
      （私はコンピューターを直してもらわないといけない）

(3) **have**
  ① **have**＋目的語(人)＋原形不定詞「(人)に〜してもらう」
    ▶ I had my wife cut my hair. （私は妻に髪を切ってもらった）

  ② **have**＋目的語(物)＋過去分詞「(物)を〜してもらう」
    ▶ I had my hair washed. （私は髪を洗ってもらった）

(4) **let**：**let**＋目的語＋原形不定詞
  ▶ Let me know your address. （あなたの住所を教えてください）

3. 名詞

可算名詞と不可算名詞

可算名詞（C：countable nouns）は数えられる名詞，つまり複数形にできる名詞です。
例：dog，cat など
- ▶ There <u>are</u> three dog<u>s</u>.　（3匹の犬がいる）

不可算名詞（U：uncountable nouns）は数えられない名詞，つまり複数形にはできない名詞です。
例：furniture，information など
- ▶ There <u>is</u> some furniture in my room.　（私の部屋にはいくらかの家具がある）

不可算名詞を数えるときは，a piece of ～などの表現と組み合わせます。
- ▶ My professor gave me <u>a piece of</u> advice.　（教授は私に1つのアドバイスをくれた）

集合名詞

同種類のものの集合体を表します。単数扱いの場合もあれば，複数扱いの場合もあります。
例：audience（観客），family（家族），people（人々），public（大衆）
- ▶ The <u>audience</u> here <u>is</u> very polite.　（ここの聴衆は，とても礼儀正しい）
- ▶ The <u>police</u> <u>are</u> courageous.　（警察は，勇気がある）
  　＊police は常に複数扱いです。

注意したい数の表現

(1) **時間・距離に関する表現**
- ▶ <u>Ten miles</u> <u>was</u> a long distance for us to walk.　（10マイルは，歩くには長かった）
  ＊ten miles を1つの距離としてとらえるので単数扱いになります。

(2) **名詞を修飾する表現**
- ▶ Let's have a <u>30-minute</u> walk.　（30分間歩きましょう）
  ＊30 と minute がハイフンで結ばれると，形容詞的な扱いになります。この場合，minute<u>s</u> と複数形にはならないので注意しましょう。

(3) 明確な数の表現
- ▶ five thousand dollars （5,000ドル）
  - ＊この場合，thousand は複数形にしません。一方，漠然と多数を表す場合は thousands of ～「何千という～」と複数形になります。

(4) その他
- ▶ university for women（女子大学）／high school for men（男子校）
  - ＊「女子」「男子」にあたる表現は複数形になります。

序数詞

序数詞とは first（1番目），second（2番目）など「順番」を表し，定冠詞 the とともに用います。
- ▶ the Second World War （第二次世界大戦）
  - ＊「第二次世界大戦」は World War II とも表記します。

その他

(1) **few** と **little** の使い方

可算名詞の場合には few，不可算名詞の場合には little を用います。
- ▶ We must read quite a few textbooks.
  　　　　　　　　　　　　可算名詞
  （私たちはかなり多くの教科書を読まなくてはならない）
- ▶ We have little money. （私たちはお金がほとんどない）
  　　　　　不可算名詞

(2) **among** の後は複数形
- ▶ among students （生徒たちの中で）

(3) 代名詞はそれに対応する名詞の数に一致
- ▶ Students should know their own ability. （生徒たちは，自身の能力を知るべきだ）

4. 関係詞

関係代名詞

関係代名詞には who, which, that, what があり、以下のように格変化します。

先行詞	主格	所有格	目的格
人	who	whose	whom / who
物・動物	which	whose / of which	which
物・動物・人	that	—	that
先行詞を含む	what	—	what

(1) **who**

▶ I cannot remember the name of the student who gave me this memo.
（私はこのメモをくれた学生の名前を思い出せない）

▶ I met the professor whose books are on the shelf.
（私は本棚にある本を書いた教授に会った）

▶ The man whom I saw yesterday was my teacher.
（昨日見かけた男性は私の先生だった）

(2) **which**

▶ I saw a cat which slept peacefully. （私は，幸せそうに寝ている猫を見た）

▶ The car of which [whose] color is red is cheap. （赤い色のその車は安い）

▶ The book which he lent me was difficult. （彼が貸してくれた本は難しかった）

▶ This is the house in which [where] I was born. （これが，私が生まれた家だ）

(3) **that**

▶ I saw a girl that was selling matches. （私はマッチを売っている少女を見た）

(4) **what**

▶ What you did was not important. （君がしたことは重要ではなかった）

▶ The robber took what I had in my bag. （泥棒は私が鞄に入れていた物を取った）

関係副詞

修飾する節を名詞に結びつけて，接続詞と副詞の両方の働きをするものが関係副詞です。
先行詞によって when / where / why / how を使い分けます。

(1) **when**（先行詞：時を表す語句）
　▶ August is the month <u>when</u> I was born.　（8月は，私が生まれた月だ）

(2) **where**（先行詞：場所を表す語句）
　▶ This is the town <u>where</u> Tom was born.　（これがトムが生まれた町だ）
　= This is the town <u>in which</u> Tom was born.

(3) **why**（先行詞：理由を表す語句）
　▶ I knew the reason <u>why</u> you bought it.　（私は君がそれを買った理由を知っていた）
　　＊口語では the reason を省くときが多いです。

(4) **how**（先行詞：**the way**。省略され，**the way how** とすることはない）
　▶ This is <u>how</u> we persuaded him.　（このようにして，私たちは彼を説得した）

複合関係代名詞

whoever / whichever / whatever の3つで，名詞節や譲歩を表す副詞節を導く働きがあります。
　▶ You can order <u>whatever</u> you want to.　（注文したい物を何でも注文してください）

複合関係副詞

関係副詞に -ever がついたもので，副詞節を導きます。

(1) **whenever**（いつ～しようとも／～するときはいつでも）
　▶ Join us <u>whenever</u> you want to.　（いつでも参加してください）

(2) **wherever**（どこで～しようとも／～するところならどこでも）
　▶ Go <u>wherever</u> you want to.　（どこでも行きたいところに行きなさい）

(3) **however**（どんなに～しようとも）
　▶ <u>However</u> busy you are, please come and see me.
　　（どんなに忙しくても会いに来てください）

5. 仮定法

仮定法は，あることを仮定のこととして述べるときに用います。特に現在の事実と異なる内容に「仮定法過去」，過去の事実と異なる内容には「仮定法過去完了」を用います。

仮定法過去 〈If S + 動詞の過去形, S' + 助動詞の過去形 + 原形不定詞～〉

「過去形」を用いて現在の事実と反する内容を表します。

- If I had wings, I would fly freely in the sky.
  （もし翼があれば，空を自由に飛ぶのだが）
- If I were you, I would put off the trip.
  （もし僕が君だったら，旅行を延期するのだが）
  ＊仮定法過去ではbe動詞は常にwereを用いることを覚えておきましょう。

仮定法過去完了 〈If S + 動詞の過去完了形, S' + 助動詞の過去形 + 完了不定詞～〉

「過去完了形」を用いて過去の事実と反する内容を表します。

- If it had not been for your help, I would have failed the experiment.
  （君の助けがなかったら，実験は失敗していた）
  ＊「実際には助けがあったので実験は成功した」という意味を含みます。

ifの省略

ifが省略されてwere, hadなどが主語の前に出ることがあります。

- Had it not been for your help, I would have failed the experiment.
  ＊If it had not been for ～ のifが省略されて，hadが文頭にきています。notの位置はそのままなので注意しましょう。

if以外の仮定法

wishなども仮定法として使われます。

- I wish (that) Tom were at the party. （トムがパーティーにいれば良いのに）
  ＊現在の事実に反する願望です。

- I wish (that) Tom had been at the party. （トムがパーティーにいたら良かったのに）
  ＊過去の事実に反する願望です。

単なる条件（開放条件）

可能性が五分五分のような条件と，その結果を表す際に用います。

▶ If it is fine tomorrow, let's go for a drive. （明日天気が良かったら，ドライブに行こう）
  ＊「明日天気が良かったら」という条件の下で，「ドライブに行く」という結論が導き出されます。事実に反してはいません。

▶ If a certain amount of acid is added to this liquid, there will be a dreadful explosion.
  （特定量の酸がこの液体に付加されたなら，恐ろしい爆発が起こる）
  ＊科学的条件が付与されたときにも仮定法が用いられます。

▶ Should anyone call while I'm out, please tell him or her, "I'll be back by 4:00."
  （私が外出中に誰かが電話してきたら，「4時までに戻る」と伝えてください）
  ＊ If anyone should call … の if が省略され，should が文頭にきています。〈if＋主語＋should＋原形不定詞〉の形は「万一〜ならば」という可能性の少ない仮定に用いられます。

6. 比較

倍数を表す比較

▶ Dr. Harrison earns <u>three times as high a salary as</u> I (do).
= Dr. Harrison's salary is <u>three times as high as</u> mine.
（ハリソン博士は私の給料の3倍を稼いでいる）

▶ This vineyard is twice as large as <u>Jim's</u>. （このブドウ畑はジムの畑の2倍ある）
= This vineyard is twice as large as <u>that of Jim's</u>.
＊比較対象を正確にすることが大事です。

▶ The United States is 25 times as large as Japan. （米国は日本の25倍の広さだ）
＊国などの広さを比較する場合は国名同士を比較するので問題ありません。

▶ The price of this pottery is twice as <u>high</u> as that of the same kind of piece in the showcase.
（この陶器の価格は，ショーケースの中にあるものと同じ種類のものの2倍する）
＊ salary, cost, price などの比較には expensive は用いません。high や low を用います。

比較級と比較対象

▶ He is <u>taller than</u> I am. （彼は私より背が高い）

▶ John is taller than <u>any other student</u> in our class.
（ジョンは私たちのクラスで一番背が高い）
＊単に <u>students</u> とするとそこに John も含まれてしまうため×です。

▶ One's ability is usually evaluated <u>by</u> looking at adjustment levels to the society rather than <u>by</u> grades.
（人の能力は一般的に，成績よりも社会に対する適応能力により評価される）
＊「by 以下」の事柄で比較されるので，2つ目の by は省略できません。

▶ The test result of Jane's is better than <u>that of Tim's</u>.
（ジェーンのテストの結果は，ティムよりも良かった）
＊比較する対象はあくまでも test result なので that of が必要です。単に Tim では×。

▶ <u>Paintings</u> in this art museum are better than <u>those</u> in that museum.
（この美術館の絵画は，あの美術館の物よりも良い）
＊比較する対象が複数形の場合は that ではなく those を用います。

最上級

▶ He is <u>the tallest</u> of all.　（彼は他の誰よりも背が高い）
▶ He is one of <u>the most interesting performers</u> in the world.
　（彼は世界で最も面白い演技者の1人だ）
　＊どの範囲で「最も〜」なのか，範囲を明確にします。

比較を用いた特別な構文

(1) **the more 〜，the more … 構文（〜すればするほど…）**

▶ <u>The more</u> you study, <u>the higher grades</u> you will receive.
　（勉強すればするほど，より良い成績が取れるだろう）

(2) **more 〜 than …（〜というよりも…だ）**
この構文を用いて同一のものの性質を比較する場合は，-erで変化する語についてもmoreを用います。

▶ I am <u>more</u> quiet <u>than</u> talkative.　（私はおしゃべりというよりも物静かだ）
　＝ I am quiet <u>rather than</u> talkative.
　　＊quieterを用いないで，more quiet とします。また，同じ物や人の性質を比較する場合にはrather thanに置き換えられるかどうかで判断します。

(3) **A is no more B than C is D「AがBでないのはCがDでないのと同じ」**
　　A is no less B than C is D「CがDであるのと同様にAもBである」

▶ A dolphin is <u>no more</u> a fish <u>than</u> a dog is.
　（犬が魚でないのと同様にイルカは魚ではない）
▶ A dolphin is <u>no less</u> a mammal <u>than</u> a dog is.
　（イルカは犬と同じようにほ乳類である）

(4) **no more than 〜「〜にすぎない」／no less than 〜「〜もの」**

▶ His theory was <u>no more than</u> a hypothesis.　（彼の理論は仮説にすぎなかった）
▶ Jim has <u>no less than</u> $500.　　　　　　　　（ジムは500ドルもの金額を持っている）

7. 並列法

並列法とは同じ品詞や形の語句を並べて使い，文章に整合性を持たせることです。

▶ I like to ski and skate. = I like skiing and skating.
　　　　　　　　　× skating

文法上の誤りを含む並列文

TOEFL ITPで一番多く出題される並列文は，この文法上の誤りを含む文章でしょう。並列法が何かを知らなくても解けると思います。次の誤りを含む例文を見てみましょう。

× Kambe is a licensed tax accountant, executive manager of small companies, and
　　　　　　　　　A　　　　　　　　　　　　B

writing TOEFL textbooks.
　　　　C

"A, B, and C" の部分のうちA，Bが職業で表されているため，Cもこれに統一します。

▶ Kambe is a licensed tax accountant, executive manager of small companies, and writer of TOEFL textbooks.
（神部は，税理士，小企業の役員，そして，TOEFLのテキストの著者である）

品詞が異なる場合

× These roses are beautiful and elegantly.
　　　　　　　　　形容詞　　　副詞

▶ These roses are beautiful and elegant. （これらのバラは美しく，優美だ）
＊ A and B のAとBは同じ品詞を用います。

× Professor Smith recommended us to read assigned articles and
　　　　　　　　　　　　　　　　　動詞＋名詞

doing independent research.
動名詞＋名詞

▶ Professor Smith recommended us to read assigned articles and do independent research.
（スミス教授は私たちに，指定の記事を読むことと，独自の研究を行うことを勧めた）
＊ and の前後をどちらも動詞＋名詞の形にそろえます。do の前に recommended us to が省略されていると考えましょう。

× Dr. Brown tried to analyze all data gathered, computation, and compiled.
　　　　　　　　　　　　　　　　　形容詞（過去分詞）　名詞　　形容詞（過去分詞）

▶ Dr. Brown tried to analyze all data gathered, computed, and compiled.
（ブラウン博士は，集められ，計算され，集計された全てのデータを分析しようと努めた）
  ＊ gathered, computation, compiled は data を後置修飾しているはずなので，computation を gathered, compiled とそろえて computed にします。

Q ミニクイズ：下線部に最も適切なものを選びなさい。

A certain toxic chemical must be stored by _____ the temperature of its container and rigidly sealing its container, while carefully keeping it from spilling.

(A) to lower　　(B) lower　　(C) lowering　　(D) be lowered

答え (C)

ある毒性のある科学物質は，注意深くこぼれないようにしながら，容器の温度を下げ，容器をしっかり密封して保管しなければならない。

sealing と並列の関係なので，正解は動名詞の(C)になります。

8. 分詞構文

分詞構文は，分詞が接続詞の働きを兼ね，その分詞句が副詞句として用いられるものを言います。

分詞構文の作り方
① 接続詞を取る
② 従属節の主語が主節の主語と同じならば主語を省略する
③ 動詞を〜ingの形にする

分詞構文の表す意味

(1) 付帯状況

▶ Eating donuts, Jane walked along the river.
　（ジェーンはドーナツを食べながら川べりを散歩した）

　While Jane was eating donuts, Jane 〜.
⇒ Eating donuts, Jane 〜.

(2) 原因・理由

▶ Exhausted from heavy workloads, I went to bed early.
　（私は厳しい仕事量で疲れ切ったので，早く寝た）

　Because I was exhausted from heavy workloads, I 〜.
⇒ Being exhausted from heavy workloads, I 〜.
⇒ Exhausted from heavy workloads, I 〜.
　＊being＋過去分詞が文頭にくる場合はbeingを省略することが普通です。

分詞構文の時制

分詞で表されている時制が主節よりも過去の場合は完了形を用います。

▶ Having had a large meal, I fell asleep.　（私はたくさん食事をしたため，眠りに落ちた）

　Because I had had a large meal, I 〜.
⇒ Having had a large meal, I 〜.
　＊「食事をした」のは「眠った」のよりも過去のことなので，完了形で表します。

分詞構文の否定

否定語は分詞の前に置きます。

▶ Not having had a meal, I could not fall asleep.
　（私は食事をしなかったので，眠れなかった）

ただし，never の場合は文頭に置かないことも可能です。

▶ Having never committed a crime, he was chosen as a candidate.
（彼は罪を犯したことがないので，候補者に選ばれた）

while, when を伴う分詞構文

意味のあいまいさを回避するために，分詞構文でも接続詞をつけることがあります。

▶ While having a date with May, I met Jim.
（メイとデートをしているときに，私はジムと会った）

その他

分詞構文とは異なりますが，分詞の後置修飾についても見ておきましょう。

▶ George Walker Bush, elected as the 43rd President of the United States, graduated from Yale University in 1968.
（米国第43代大統領に選出されたジョージ・ウォーカー・ブッシュは，1968年にイェール大学を卒業した）
　＊ elected の前に (who was) を補って考えると分かりやすいですね。

9. 倒置文と忠告に関する構文

倒置文

(1) 否定語が文頭に来るとき

▶ <u>Not only</u> did Sam deceive us, but also he stole our money.
　　否定語

（サムは私たちをだましただけでなく，私たちのお金を奪った）

＊元の文はSam <u>not only</u> deceived us, 〜。否定語が文頭に来ると主語と動詞が倒置され〈do[does, did]＋主語＋本動詞〉の語順になります。

▶ <u>Never</u> have I seen so many wild animals.
　　否定語

（こんなに多くの野生動物を見たことがない）

＊元の文はI've <u>never</u> seen 〜.

▶ <u>Not until</u> the 1980s <u>were</u> most people able to access to the Internet.
（1980年代まではほとんどの人々はインターネットにアクセスすることができなかった）
＊倒置される前のbe動詞をそのまま主語の前に置きます。

(2) 慣用的用法

▶ <u>Little did</u> we think that our experiment would fail.
（実験が失敗するとは思ってもいなかった）

▶ <u>No sooner had</u> I entered the room than the conference began.
（私が部屋に入るやいなや会議が始まった）

忠告に関する構文

忠告に関する構文ではthat節に動詞の原形を用います（≒shouldの省略）。

(1) 動詞

demand, recommend, suggest, insist, request, proposeなど

▶ He demands that she <u>be</u> on time for the meeting.
（彼は彼女がミーティングに時間どおり来るように求めている）

(2) **形容詞**

important, imperative, essential, necessary など

▶ It is important that he come to the party. （彼がパーティーに来るのが重要だ）

(3) **名詞**

advice, demand, recommendation, insistence, request, preference, requirement, proposal, suggestion など

▶ It is my suggestion that Jim finish his paper by Friday.
（私は，ジムが金曜日までに論文を終わらせることを勧める）

10. 前置詞

前置詞は，名詞（または名詞相当語句）の前に置かれ，形容詞句や副詞句を作ります。

▶ Professor Johnson knew of the incident by <u>watching</u> TV.
　　　　　　　　　　　　　　　　　　　　　　× watch

　（ジョンソン教授はテレビを観て事件を知った）

主な前置詞は以下のとおりです。

場所に関するもの

above, down, up, below, between, along, on, in, by, at, beside, to, toward など

▶ He climbed <u>up</u> the mountain. 　（彼は，山に登った）
▶ He stood <u>by</u> me. 　　　　　　　（彼は，私の横に立った）

時間に関するもの

at, on, after, until, till, by, for, during, in など

▶ We came here <u>at</u> 7 o'clock. 　（私たちは，ここに7時に到着した）
▶ We work <u>until</u> 7 on Sundays. 　（私たちは，日曜日には7時まで働く）

注意の必要な前置詞

(1) 接続詞と区別の必要な前置詞

▶ <u>Despite</u> <u>his efforts</u>, he failed to pass the final exam.
　　前置詞　　　名詞

　（努力にもかかわらず，彼は期末試験で落第した）

▶ <u>Although</u> <u>he worked hard</u>, he failed to pass the final exam.
　　接続詞　　　節

　（彼は一生懸命勉強したにもかかわらず，期末試験で落第した）

　＊どちらも同じような意味の例文ですが，前置詞の despite には名詞(句)が，接続詞の Although には節が続くことに注意しましょう。

(2) **in** と **during** の使い分け

▶ <u>During</u> WWII, the great innovation in computers took place.
　× in

　（第二次世界大戦中，コンピューターの分野で大きな革新があった）

　＊during は「ある出来事の期間(duration)」を示し，in は in 1955 や in the 19th Century のように「ある時期」そのものを指します。

▶ <u>In</u> 1969, the Apollo Mission succeeded in landing on the moon.
（1969年，アポロ宇宙船は月面着陸に成功した）
＊1969年という時期そのものを示しているのでinを用います。

- duringを用いる例
  the final exam / the (Great) Depression / the orientation period など

- in / duringどちらも用いられる例
  in [during] the 18th century のようにspanを持った時期の場合

その他の構文

(1) **too ～ to ...**（～すぎて…できない）／**so ～ that ...**（とても～なので…）

▶ I'm <u>too</u> tired <u>to</u> study.
= I'm <u>so</u> tired <u>that</u> I cannot study.
（とても疲れているので私は勉強ができない）

(2) **had better** *do*（～した方がよい）／**would rather** *do*（むしろ～したい）

▶ You'd <u>better</u> go at once. （すぐに出かけた方がよい）
＊否定形は You'd better <u>not</u> go at once.

▶ I'd <u>rather</u> sleep. （私はむしろ眠りたい）
＊否定形は I'd rather <u>not</u> sleep.

(3) **used to** *do* と **be used to** *doing*

▶ I <u>used to eat</u> Italian dishes. （私はかつてイタリア料理を食べていた）
▶ I'm <u>used to eating</u> Italian dishes. （私はイタリア料理を食べるのに慣れている）

It's not too difficult to understand basic English grammar.
I keep my fingers crossed!!
頑張ってください！

A

☑ a bridge too far	164
☑ a close call	132
☑ A is to B what [as] C is to D	92
☑ a man of his word	144
☑ a piece of cake	181
☑ abound in ～	29
☑ above all	176
☑ according to ～	97
☑ account for ～	44
☑ agree with ～	114
☑ all along	178
☑ all at once	114
☑ all but	95
☑ all day long	125
☑ all the more [better] because [for] ～	115
☑ all the same	163
☑ among other things	172
☑ amount to ～	47
☑ and so on [forth]	63
☑ apart from ～	49
☑ as a matter of fact	179
☑ as a result	34
☑ as a whole	44
☑ as far as ～	61
☑ as for ～	172
☑ as good as the next	84
☑ as if ～	64
☑ as is usual with ～	128
☑ as it is	160
☑ as long as ～	143
☑ as much as	97
☑ as to ～	176
☑ as yet	125
☑ ask a favor of ～	142
☑ at a loss	92
☑ at all costs	176
☑ at any moment	46
☑ at any rate	176
☑ at best	64
☑ at ease	92
☑ at first hand	163
☑ at large	174
☑ at odds with each other	85
☑ at [on] short notice	45
☑ at one's disposal	100
☑ at random	130
☑ at the same time	94
☑ at times	140
☑ at work	145
☑ attend to ～	131
☑ attribute A to B	33
☑ avail oneself of ～	172

B

☐ back and forth	108
☐ back away	47
☐ back up ~	83
☐ be a far cry from ~	85
☐ be about to do	95
☐ be absorbed in ~	93
☐ be acquainted with ~	156
☐ be addicted to ~	33
☐ be all (fingers and) thumbs	165
☐ be amazed at ~	140
☐ be apt to do	78
☐ be aware of ~	124
☐ be beneficial to ~	158
☐ be capable of ~	62
☐ be confident of ~	142
☐ be conscious of ~	32
☐ be consistent with ~	31
☐ be content with ~	65
☐ be contrary to ~	143
☐ be convinced of ~	67
☐ be cut out for ~	140
☐ be derived from ~	147
☐ be determined to do	113
☐ be devoid of ~	177
☐ be disgusted with [by, at] ~	99
☐ be engaged in ~	159
☐ be equal to ~	173
☐ be fed up with ~	67
☐ be fit for ~	61
☐ be free from ~	158
☐ be free of ~	113
☐ be fresh from ~	30
☐ be full of hot air	68
☐ be good at ~	158
☐ be hard on ~	37
☐ be ignorant of ~	99
☐ be impressed by ~	112
☐ be incapable of doing	80
☐ be inconsistent with ~	83
☐ be independent of ~	109
☐ be indifferent to ~	48
☐ be indispensable to ~	32
☐ be inferior to ~	115
☐ be known as ~	177
☐ be late for ~	33
☐ be liable to do	141
☐ be lost	165
☐ be obliged to A for B	50
☐ be obliged to do	172
☐ be on good terms with ~	66
☐ be on the right [wrong] track	117
☐ be open to ~	65
☐ be pleased at [with] ~	130
☐ be proficient in ~	162
☐ be reduced to rubble	78

211

☑ be relevant to ~	94	☑ bone up on ~	177
☑ be responsible for ~	28	☑ bread and butter	128
☑ be rusty	53	☑ break down (~)	161
☑ be second to none	126	☑ break in (~)	129
☑ be short of ~	67	☑ break into ~	112
☑ be sick of ~	31	☑ break out	61
☑ be subject to ~	79	☑ break through ~	30
☑ be suitable for ~	175	☑ break up (~)	111
☑ be superior to ~	29	☑ bring about ~	61
☑ be tied up	113	☑ bring down ~	50
☑ be true of ~	64	☑ bring out ~	147
☑ be true to ~	140	☑ bring up ~	33
☑ be typical of ~	49	☑ brush up ~	77
☑ be up to one's ears in ~	149	☑ bump into ~	62
☑ be well-off	174	☑ burn a hole in one's pocket	100
☑ be willing to do	179	☑ burn the midnight oil	161
☑ be wiped out	132	☑ burst into tears	28
☑ be worth doing	94	☑ but for ~	64
☑ be worthy of ~	65	☑ by accident	125
☑ bear ~ in mind	145	☑ by all means	177
☑ beat around the bush	159	☑ by and by	52
☑ because of ~	144	☑ by and large	178
☑ before long	76	☑ by any chance	68
☑ behind the times	49	☑ by chance	125
☑ beside [off] the point	143	☑ by degrees	146
☑ Better luck next time!	164	☑ by far	110
☑ blow off steam	126	☑ by means of ~	157
☑ blow up	35	☑ by nature	174

☐ by no means	141	
☐ by the time ~	147	
☐ by virtue of ~	160	

C

☐ call for ~	63
☐ call it a day	29
☐ call off ~	115
☐ call on [at] ~	163
☐ call out ~	174
☐ call up ~	66
☐ can't stand ~	165
☐ care for ~	129
☐ care to do	148
☐ carry out ~	172
☐ cast aside ~	76
☐ catch on to ~	79
☐ catch up with ~	125
☐ change hands	83
☐ check out (~)	98
☐ cheer up ~	110
☐ clear up	162
☐ cling to ~	111
☐ close in (on ~)	82
☐ come about	94
☐ come across ~	44
☐ come along with ~	82
☐ come by (~)	126

☐ come down with ~	110
☐ come face to face with ~	60
☐ come from ~	163
☐ come in handy	35
☐ come of age	178
☐ come out	44
☐ come through ~	173
☐ come to	66
☐ come to do	109
☐ come to light	92
☐ come to terms with ~	146
☐ come to the [a] conclusion	126
☐ come true	127
☐ come up	141
☐ come up to ~	179
☐ come up with ~	78
☐ complain about ~	159
☐ comply with ~	140
☐ concentrate on ~	111
☐ conform to ~	129
☐ congratulate A on B	175
☐ consist of ~	127
☐ contribute to ~	51
☐ cooperate with ~	77
☐ cope with ~	93
☐ couldn't be worse	84
☐ count on ~	76
☐ crack down	177

☑ cry out for ~	141	
☑ cut down on ~	124	
☑ cut in	130	
☑ cut loose	69	

D

☑ day after day	159
☑ day and night	126
☑ day by day	94
☑ day in and day out	82
☑ deal with ~	145
☑ depend on ~	156
☑ deprive A of B	60
☑ devote oneself to ~	46
☑ die away	156
☑ die down	162
☑ die out	35
☑ differ from ~	62
☑ distinguish A from B	144
☑ do ~ a favor	172
☑ do ~ good	161
☑ do away with ~	65
☑ do damage (to ~)	111
☑ do for ~	109
☑ do more harm than good	45
☑ do nothing but do	175
☑ do one's best	67
☑ do one's part	79

☑ do with ~	98
☑ do without ~	179
☑ down the road	100
☑ down to earth	132
☑ draw up ~	31
☑ drop by	81
☑ drop in at [on] ~	125
☑ drop off ~	132
☑ drop out	158
☑ due to ~	129

E

☑ eat out	115
☑ enable ~ to do	173
☑ end up (~)	80
☑ every nook and cranny	101
☑ every now and then	93
☑ except for ~	98

F

☑ face the music	52
☑ face to face	124
☑ fall behind ~	129
☑ fall in with ~	128
☑ fall short of ~	161
☑ far from ~	32
☑ feel like ~	46
☑ feel up to ~	51

INDEX

☐ fight against ~	77
☐ figure out ~	157
☐ fill in ~	80
☐ fill in for ~	175
☐ fill one's shoes	52
☐ fill out ~	48
☐ find fault (with ~)	114
☐ fit in ~	48
☐ follow suit	133
☐ for a change	50
☐ for a rainy day	82
☐ for better or worse	36
☐ for good	146
☐ for instance	146
☐ for keeps	144
☐ for nothing	128
☐ for one's age	145
☐ for the life of me	101
☐ for the sake of ~	142
☐ for the time being	77
☐ free of charge	108
☐ (from) hand to mouth	176
☐ from scratch	45
☐ from time to time	162

G

☐ get a hold of ~	68
☐ Get a hold of yourself.	37

☐ get across ~	128
☐ get along	112
☐ get along with ~	97
☐ get at ~	108
☐ get back at ~	78
☐ get [be] carried away with ~	115
☐ get down to ~	112
☐ get in touch with ~	158
☐ get lost	64
☐ get on one's nerves	180
☐ get over ~	96
☐ get rid of ~	124
☐ get the hang of ~	116
☐ get through ~	124
☐ get through to ~	175
☐ get to ~	36
☐ get together	31
☐ get under one's skin	68
☐ get well	35
☐ give ~ a hand	148
☐ give ~ a lift [ride]	84
☐ give ~ a ring [call, buzz]	46
☐ give ~ the cold shoulder	124
☐ give as good as one gets	148
☐ give away ~	80
☐ give birth to ~	156
☐ give in	44
☐ give it time	84

215

☐ give off ~	92
☐ give one's (best) regards to ~	162
☐ give out (~)	130
☐ give rise to ~	97
☐ give the green light to ~	178
☐ give way to ~	76
☐ go a long way (to [toward] ~)	156
☐ go by	47
☐ go Dutch	76
☐ go into ~	83
☐ go off	79
☐ go over ~	95
☐ go so far as to do	179
☐ go through ~	131
☐ go through the roof	117
☐ go through with ~	46
☐ go too far	156
☐ go with ~	61
☐ go without ~	140
☐ Good for you!	180
☐ grow by leaps and bounds	117
☐ grow up	113

H

☐ had better do	28
☐ hand in ~	94
☐ hand out ~	60
☐ hang around [about]	47

☐ hang on	158
☐ hang up	126
☐ happen to ~	114
☐ have a good talk	148
☐ have a hunch (that) ~	37
☐ have a point	149
☐ have a poor opinion [view] of ~	96
☐ have an effect on ~	50
☐ have difficulty (in) doing	127
☐ have good reason to do	63
☐ have nothing to do with ~	64
☐ have one's heart set on ~	52
☐ hear from ~	45
☐ help oneself to ~	31
☐ hit a nerve	66
☐ hit it off well	133
☐ hit on [upon] ~	77
☐ hit the books	181
☐ hit the roof [ceiling]	181
☐ hold ~ over	85
☐ hold back ~	177
☐ hold on to ~	96
☐ hold one's tongue	108
☐ hold oneself together	117
☐ hold up ~	29

I

☐ I wish I could.	68

☐ I wouldn't even think of ～	53
☐ if it had not been for ～	160
☐ if not impossible	51
☐ if only ～	52
☐ in a mess	110
☐ in a nutshell	143
☐ in a row	60
☐ in accordance with ～	35
☐ in between	62
☐ in case of ～	46
☐ in charge of ～	160
☐ in common	114
☐ in comparison with ～	62
☐ in detail	34
☐ in effect	156
☐ in exchange for ～	92
☐ in general	77
☐ in (good) shape	44
☐ in no time	32
☐ in order	114
☐ in other words	98
☐ in particular	99
☐ in person	143
☐ in place of ～	110
☐ in practice	160
☐ in private	146
☐ in proportion to ～	140
☐ in public	34
☐ in question	173
☐ in short	44
☐ in spite of ～	78
☐ in terms of ～	67
☐ in the air	162
☐ in the end	146
☐ in the first place	66
☐ in the long run	97
☐ in the meantime	93
☐ in the nick of time	181
☐ in vain	147
☐ instead of ～	175
☐ it is about [high] time ～	157
☐ it is no use [good] doing	49

K

☐ keep ～ at bay	53
☐ keep ～ in mind	47
☐ keep ～ to oneself	51
☐ keep a straight face	108
☐ keep an eye on ～	34
☐ keep away (from ～)	175
☐ keep in touch with ～	99
☐ keep on doing	127
☐ keep one's fingers crossed	173
☐ keep one's nose clean	85
☐ keep one's temper	33
☐ keep one's word	158

☐ keep pace with ~	92	
☐ keep tabs on ~	69	
☐ keep up with ~	46	
☐ kick around ~	116	
☐ kill time	65	
☐ know better than to do	63	

L

☐ lag behind (~)	66
☐ lay an egg [eggs]	80
☐ lay aside ~	49
☐ lay off ~	141
☐ learn ~ by heart	60
☐ learn the ropes	165
☐ leave ~ undone [unsaid]	177
☐ leave no stone unturned	174
☐ leave out ~	160
☐ let ~ off	60
☐ let alone ~	112
☐ let down ~	50
☐ little by little	113
☐ live up to ~	125
☐ long for ~	35
☐ look ~ in the eye	51
☐ look after ~	115
☐ look away from ~	126
☐ look back on [upon] ~	79
☐ look down on ~	28
☐ look [feel] blue	149
☐ look for ~	110
☐ look forward to ~	178
☐ look into ~	93
☐ look over ~	50
☐ look through ~	60
☐ look up ~	173
☐ look up to ~	178
☐ lose face	113
☐ lose one's head	97
☐ lose one's temper	157
☐ lose one's way	112

M

☐ major in ~	51
☐ make a living	30
☐ make a point of doing	114
☐ make an excuse [excuses]	114
☐ make arrangements for ~	142
☐ make at ~	126
☐ make believe (that) ~	130
☐ make (both) ends meet	131
☐ make efforts	162
☐ make for ~	32
☐ make fun of ~	95
☐ make good	158
☐ make head(s) or tail(s) of ~	131
☐ make it a rule to do	98

☐ make it up to ~	99	
☐ make no difference	48	
☐ make out ~	109	
☐ make [pull] a face	128	
☐ make [pull] a long face	145	
☐ make sense	30	
☐ make the most [the best] of ~	81	
☐ make up (~)	48	
☐ make up for ~	49	
☐ make up one's mind	96	
☐ make use of ~	81	
☐ manage to do	76	
☐ mill about	31	
☐ more or less	48	
☐ music to one's ears	164	

N

☐ Need a hand?	133
☐ neither A nor B	131
☐ never [not] do ~ by halves	108
☐ next to ~	29
☐ no end of ~	112
☐ no less than ~	143
☐ no longer ~	34
☐ no matter how [what, where, who, when] ~	111
☐ no sooner ~ than ...	142
☐ none of your business	180

☐ none too ~	164
☐ not ~ at all	44
☐ not a few	96
☐ not all ~	112
☐ not always ~	161
☐ not in a million years	101
☐ not only A but (also) B	29
☐ not quite	132
☐ not take no for an answer	100
☐ not to mention ~	95
☐ nothing more than ~	29

O

☐ object to ~	28
☐ off duty	162
☐ off the mark	149
☐ on (a) par with ~	127
☐ on account of ~	94
☐ on and off	147
☐ on one's own account	81
☐ on purpose	80
☐ on second thought	99
☐ on the contrary	156
☐ on the nose	61
☐ on the one hand ~; on the other hand ...	30
☐ on the spot	63
☐ on the tip of one's tongue	144

219

☐ on the whole	141	☐ pull one's weight	116
☐ on thin ice	180	☐ pull through (〜)	48
☐ on time	96	☐ put 〜 into action [effect, practice]	62
☐ on top of 〜	48	☐ put 〜 up	69
☐ once (and) for all	28	☐ put aside 〜	65
☐ once in a while	81	☐ put down 〜	28
☐ one of those things	101	☐ put forth 〜	141
☐ one way or another	101	☐ put forward 〜	174
☐ ought to do	95	☐ put off 〜	33
☐ out of date	30	☐ put out 〜	147
☐ out of line	36	☐ put up with 〜	98
☐ out of order	140		
☐ out of shape	145	**Q**	
☐ out of the blue	181	☐ quite a person	37
☐ out of the question	130		
☐ owing to 〜	95	**R**	
		☐ read between the lines	110
P		☐ read up on 〜	108
☐ participate in 〜	144	☐ refer to 〜	81
☐ pass away	128	☐ refrain from 〜	144
☐ pass for 〜	129	☐ result from 〜	64
☐ pay attention to 〜	159	☐ result in 〜	65
☐ pick 〜 up on one's own	46	☐ right and left	117
☐ pick up 〜	80	☐ run across 〜	124
☐ play it by ear	109	☐ run after 〜	62
☐ poke fun at 〜	76	☐ run away (from 〜)	146
☐ prefer A to B	143	☐ run down	160
☐ prior to 〜	131	☐ run for 〜	62

☐ run into ~	30
☐ run late	69
☐ run off ~	98
☐ run out of ~	159
☐ run over	174
☐ run short (of ~)	67

S

☐ save face	35
☐ save one's breath	159
☐ save the day	81
☐ see about ~	93
☐ see after ~	178
☐ see beyond ~	96
☐ see eye to eye (with ~)	108
☐ see (to it) that ~	131
☐ set about ~	32
☐ set apart ~ (from ...)	96
☐ set aside ~	127
☐ set forth ~	79
☐ set off	63
☐ set up ~	33
☐ shed light on ~	82
☐ shoulder to shoulder	63
☐ show off ~	82
☐ show up	82
☐ slip one's mind	47
☐ snap out of ~	149

☐ so ~ as to do	160
☐ so ~ that ...	34
☐ so far	98
☐ so far as ~	111
☐ so that ~	45
☐ something of ~	145
☐ sooner or later	127
☐ Speak for yourself.	36
☐ speak ill of ~	128
☐ speak well of ~	83
☐ stand a chance	53
☐ stand by (~)	130
☐ stand for ~	79
☐ stand out	163
☐ stand up for ~	60
☐ stay up	80
☐ stem from ~	50
☐ stick one's neck out	85
☐ stop ~ from doing	78
☐ stop short of ~	164
☐ straighten up ~	34
☐ subscribe to ~	161
☐ succeed in ~	45
☐ suffer from ~	83

T

| ☐ take ~ into account | 174 |
| ☐ take A for B | 110 |

☐ take a rain check	28		☐ the more ~, the more [less, fewer] ...	45
☐ take advantage of ~	50			
☐ take an interest in ~	36		☐ the odds are against ~	37
☐ take care of ~	146		☐ (the) pros and cons	176
☐ take charge of ~	144		☐ think little of ~	113
☐ take down ~	124		☐ think nothing of ~	157
☐ take hold	179		☐ think twice	148
☐ take in ~	82		☐ through [by] word of mouth	147
☐ take it easy	179		☐ throw one's weight around	69
☐ take it for granted (that) ~	142		☐ to and fro	129
☐ take off (~)	93		☐ to some [a certain] extent	157
☐ take on ~	111		☐ to the contrary	163
☐ take over ~	130		☐ to the point	142
☐ take part in ~	77		☐ try on ~	109
☐ take place	94		☐ turn down ~	99
☐ take to ~	176		☐ turn in ~	163
☐ take turns doing	115		☐ turn off ~	61
☐ take up ~	32		☐ turn on ~	78
☐ talk sense	165		☐ turn out ~	66
☐ tell ~ apart	178		☐ turn over ~	97
☐ tell A from B	176		☐ turn to ~	34
☐ tell on ~	78		☐ turn up	67
☐ tend to do	109			
☐ That's the last straw.	84		**U**	
☐ That's the last thing ~	116		☐ under way	172
☐ (The) chances are (that) ~	64		☐ up in the air	51
☐ The jury [verdict] is still out.	116		☐ up to ~	66
			☐ up to date	76

| ☐ upside down | 142 | ☐ would rather do | 83 |

W

☐ want for ~	161
☐ wear away [off]	92
☐ wear out ~	47
☐ wide of [beside] the mark	173
☐ wind up with ~	32
☐ with strings attached	133
☐ work out	157
☐ worth (one's) while ~	49

☐ would rather do	83
☐ wrap up	172
☐ write down ~	30

Y

☐ yield to ~	31
☐ you bet	180
☐ You can say that again!	100
☐ You can't be serious!	133
☐ You said it!	53

223